貨幣政策透明度
理論研究（第二版）

訊息是影響國家治理關鍵因素，
而貨幣政策是現代國家治理的重要工具。
如果一種貨幣制度不透明，
會產生私人訊息問題，
必然交替爆發週期性的通貨膨脹和通貨緊縮。

程均麗 著

財經錢線

序

歷史上，貨幣政策操作的隱密性被視為中央銀行文化的一部分，貨幣政策也被認為越不透明越有效。但是，20世紀90年代初以來，各國中央銀行相繼擯棄以往的隱密性慣例，逐漸走向開放、透明化。中央銀行這個一國的技術性官僚機構，遂開始備受媒體關注，它的官員與政府的行政官員們一樣成為了傳媒競相追捧的對象。事實上，他們似乎也樂於有意識地通過「說話」，或者說以發表非正規言論的方式來推行貨幣政策，但有時，他們仍然會對大眾含糊其辭，保守著幾許「神祕性」。

這樣，新世紀伊始，貨幣政策透明度問題就突兀於貨幣政策理論與操作的前沿。

貨幣政策透明度將會對中央銀行自產生以來所形成的行業文化慣例產生巨大衝擊。它的提出，也是對長久以來在宏觀經濟學中占支配地位的理性預期思想的深化，在某種程度上也是對該理論的一個挑戰。理性預期革命最終得出的所謂的「宏觀經濟政策無效性」命題，意味著貨幣政策只有令公眾出其不意才會產生實質性效應。

實踐中，中央銀行的貨幣政策到底運作得如何？

我們不妨回首20世紀下半葉以來的貨幣政策表現。其中，有兩起事件發人深省。其一是，20世紀七八十年代發生的「大通貨膨脹」。當時，「大通貨膨脹」襲擊了幾乎所有的工業國，歷時長久，物價水平以10%以上的年率飆升。其二是，2001—2002年發生的新世紀以來的第一次全球性通貨緊縮。其間，美、歐、日等

工業國的通貨膨脹率降至1.1%～1.5%；亞洲新興工業經濟體的通貨膨脹率甚至降為-2.0%～1.2%。這次通貨緊縮的一個明顯特徵是短暫而溫和。

貨幣政策的這些歷史遭遇告誡政策制定者：通貨膨脹有可能太高，也有可能太低；更重要的是，由於預期的作用，通貨膨脹會部分地從自己身上吸取營養，要維持更穩定、更具生產性的經濟，中央銀行要做的部分工作是，在端倪漸顯時，必須果斷敲碎通貨膨脹預期這只「爪子」。

因此，在這個不確定的經濟社會，貨幣政策的成功不僅取決於中央銀行自身，也有賴於私人部門的行為，越來越仰仗私人部門的合作。中央銀行如何幫助市場建立健康強壯的信念？我們如何建立一個更具穩定性的貨幣政策框架？透明度為新世紀中央銀行的貨幣政策制定帶來了新的「福音」。貨幣政策透明度問題，是新世紀貨幣經濟學必須解決的一個新課題，它是經濟學史發展的必然。

《貨幣政策透明度理論研究》一書，在對各種龐雜、零散的貨幣政策透明度觀點進行有條理的歸納和鞭闢入裡的梳理的基礎上，構建了一個全新的、比較完整的貨幣政策透明度理論分析框架。

貨幣政策透明度先是在實踐中產生，在這樣的背景下，一些貨幣經濟學大師，如Cukierman, Walsh, Geraats, Faust, Svensson, Mishkin, Jensen, Krause等人，才開始對這種新興的貨幣制度從理

论的角度进行解析。本书从考察货币政策透明度制度兴起的背景和一些中央银行的透明度做法入手,直观地认识、分析货币政策透明度,这是一个不落窠臼的切中点。在纸币本位制下,经济的良性运行有赖于「名义锚」的存在,要求中央银行执行「受约束的相机政策」。货币政策在遭遇了「大通货膨胀」、亚洲金融危机的打击后,透明度制度率先在实践中破茧而出。

  在本书中,作者分析了货币政策透明度的基础理论,包括涵义、内容和效应。从一般意义上讲,货币政策透明度,是泛指货币政策信息的公开程度。它从总体上可以划分为:目标透明度、知识透明度和决策透明度;它的影响可以区分为两种效应:「不确定性效应」与「激励效应」。

  作者然后从现实出发,寻求货币政策透明度的存在基础或者说合理性。货币政策透明度的经济依据是:它可以解决通货膨胀倾向,或者说,可以克服货币政策的时间不一致性。中央银行独立性和责任是货币政策透明度的另一个重要依据,这也是一般性的公共政策依据。机构独立后,社会要求它对公众负责以维护民主合法性,货币政策透明度可以制约中央银行独立性,强化它的责任机制,防止独立后的中央银行侵蚀货币政策的委托机制。

  作者将货币政策透明度与货币政策有效性之间的内在联系作为最终的归结点,这是本书的点睛之笔。其中提出的「预期到的货币政策有效」思想,一反传统!在解决经济社会中因分散决策出现的更高层预期问题上,货币政策透明度下货币当局所发布

的公共信息可以起到雙重社會作用：一是傳遞基本信息；一是充當信念聚點。

　　總之，本書是作者的國家社科基金項目研究成果，也是她博士畢業論文的延續、深入，歷經數載磨礪，方成「正果」。可以說，這是一本有關貨幣政策透明度的通論，作者對貨幣政策透明度問題作了一些開拓性研究，儘管也有不足之處，但為中央銀行的貨幣政策操作提供了有價值的新思維，也為學界方興未艾的貨幣政策透明度研究奠定了基礎，具有深遠的影響。

中國投資有限責任公司副總經理兼
中央匯金投資有限公司總經理

內容提要

「沒有人敢說他反對透明度……那等於是說,你不喜歡母愛或蘋果餡餅。」①

——Joseph Stiglitz, Financial Times 5, 1998 – 10

信息是影響國家治理的關鍵因素,而貨幣政策是現代國家治理的重要工具。歷史上,貨幣政策操作的隱密性視為中央銀行文化的一部分,貨幣政策也被認為越不透明越有效。但是,隨著現代信息技術的不斷進步,貨幣政策作為重大的宏觀調控工具,它的成功不僅取決於中央銀行自身,也越來越仰仗私人部門的合作。私人部門與政策制定者之間相互依存,前者形成具有動態反饋規則的預期,而后者依循這一規則實施政策。在理論上,Canzoneri 曾論證過,如果一種貨幣制度不透明,會產生私人信息問題,必然交替爆發週期性的通貨膨脹和通貨緊縮。

當代中央銀行在實際操作中,既要實現價格穩定這個首要目標,同時也要執行穩定化政策,因此,既需要維持政策的動態可信性,解決通貨膨脹問題,又需要掌握一定的靈活性實現貨幣政策的其他目標。為此,20 世紀 90 年代初以來,各國中央銀行開始擯棄以往的隱密慣例,逐漸走向開放、透明化,中央銀行領導也成為了最受媒體關注的政府官員之一。1997 年,亞洲金融危機爆發之

---

① 「No one would dare say that they were against transparency(…): It would be like saying you were against motherhood or apple pie.」

后，國際貨幣基金組織(IMF)認為，一些國家的政策不夠透明，是危機爆發的一個主要原因。於是，提高透明度便成為國際社會「加強國際金融架構」的一大核心內容。1999年9月，IMF頒發了總的政策透明度試行準則，其中貨幣金融方面是「貨幣金融政策透明度良好行為準則」，一致確認了貨幣政策透明度的價值。

本書綜合運用預期理論、信息經濟學、博弈論(選擇理論)、行為金融學等思維方式與分析工具，對貨幣政策透明度既進行數理式的技術性分析，也給以非技術性的描述、解釋，並以現有文獻為基礎構造了一個完整的分析框架，首次對貨幣政策透明度進行了系統、全面的考察和論證。

本書內容架構如下：

第一章，從實踐出發，介紹貨幣政策透明度制度興起的背景和一些中央銀行的透明度做法。首先，布雷頓森林體系的崩潰，終結了商品貨幣本位制時代，在紙幣本位制下，經濟的良性運行有賴於「名義錨」(nominal anchor)的存在；其次，20世紀七八十年代發生的「大通貨膨脹」(the Great Inflation)，使貨幣政策中性思想復甦。人們認識到，中央銀行需要執行「受約束的相機政策」；最后，20世紀90年代末的亞洲金融危機，直接催生了全球化的政策透明度規則。現在，中央銀行一般都會公布貨幣政策目標，對經濟前景的看法、甚至政策傾向；在貨幣政策例會結束后，發表政策聲明，並附帶領導的講話；定期公布一些優質資料，如通貨膨脹預測分析、貨幣政策報告、證詞，等等。

第二、三章是貨幣政策透明度理論的基礎部分。貨幣政策透明度，泛指貨幣政策信息的公開程度，與信息對稱或確定性相對應。貨幣政策信息不對稱，主要是因為中央銀行的偏好不可觀測及其擁有的信息優勢。一般來講，貨幣政策透明度重點是考察中央銀行在其偏好、所使用的(經濟)模型、對經濟衝擊的瞭解情況、決策過程和結果及執行等方面的信息公開狀況，它從總體上可以劃分為：目標透明度、知識透明度和決策透明度。實踐中，一方面，目標透明度得到了一致贊成，普遍認為中央銀行應該以價格穩定為目標，許多中央銀行也規定了具體的量化通貨膨脹目標；另一方面，中央銀行執行相對低的決策透明度而高得多的知識透明度。

　　透明度的影響可以區分為兩種效應：「不確定性效應」與「激勵效應」。不確定性效應，指信息不對稱給處於信息劣勢的代理人帶來不確定性，而給處於優勢的一方提供利用私人信息牟利的機會。激勵效應，指掌握私人信息門路的參與人可以通過信號發送操縱他人的信念，他人對信號的反應，反過來能夠影響信號發送者的激勵，從而間接改變他的經濟行為。就貨幣政策而言，透明度可以影響政策的可預測性、中央銀行的聲譽及私人部門的監督成本等。更重要的是，中央銀行採取的各種透明度措施，是除法定準備金、再貼現和公開市場操作外的另一種貨幣政策工具，是「新」貨幣政策工具。

　　第四、五章是從現實出發，探索貨幣政策透明度的存在基礎或者說合理性。貨幣政策透明度的經濟依據是：它可以解決通貨

膨脹傾向，或者說可以克服貨幣政策的時間不一致性。貨幣政策透明度，不僅本身可以作為解決通貨膨脹傾向的一種制度安排，影響中央銀行的偏好、激勵、目標到其行為選擇，而且還可以避免其他通貨膨脹傾向解決方案中出現的「Canzoneri 難題」。傳統的通貨膨脹傾向以時間不一致性假說為依託，而 Cukierman 等人提出的「新」通貨膨脹傾向假說認為，中央銀行從同樣大小的經濟增長與衰退中感覺到的得失是不對稱的，增長所得小於衰退所失，因此，為了將衰退防患於未然，出於預防動機，它總是執行比較寬鬆的貨幣政策，使經濟不易察覺地逐漸累積起通貨膨脹。

中央銀行獨立性和責任是貨幣政策透明度的另一個重要依據，也是一般性的公共政策依據。機構獨立後，社會要求它對公眾負責以維護民主合法性，不僅如此，公務決策也在一定程度上體現了包括政治因素在內的各種利益集團的鬥爭情況，因此，一旦公開化，政府隱藏其不良行為，以及逃避機會主義成本的難度會更大。實際上，正式獨立的中央銀行依然不能對低通貨膨脹作可信的承諾，因為獨立性並不能完全隔離貨幣政策的政治、黨派影響，如果缺乏透明度，政府仍有可能破壞中央銀行的自主權。而且，獨立的中央銀行的偏好，其不確定性，會帶來「民主虧空」這種社會成本，「民主虧空」侵蝕貨幣政策的委託機制，而透明度可以防止中央銀行濫用權力或者它的決策獨立性。

第六章是對第三、四、五章的歸結，對貨幣政策透明度來說，無論是它的效應，還是它的現實意義，最終都在於它與貨幣政策

有效性之間的內在聯繫。本章也是為了分析預期到的貨幣政策有效的原理。現實世界為極微小的私人部門充斥,由此產生了「原子經濟」問題:信息互異、均衡多重性和預期陷阱。在對付這些問題上,貨幣當局發布的公共信息可以起到雙重社會作用:一是傳遞基本信息;一是充當信念聚點。這種政策干預有兩條渠道:①貨幣當局將自己的私人信息傳達給市場,可以縮小市場信念的差異,從而影響市場的調節動態和價格差異;②即使沒有私人信息,由於在信息加工中存在預測外在性,貨幣政策也可以進行積極干預,通過透明度左右私人決策對公共信息與私人信息的利用程度。

　　本書的特色在於:①運用中央銀行目標函數和反應函數闡析貨幣政策透明度。貨幣政策框架一般由五個要素構成:工具、操作目標、仲介目標、指標與最終目標。貨幣政策制定者的偏好決定其政策選擇,偏好主要體現在對產出目標與通貨膨脹目標的相對重視程度上,而決策說明對政策工具的調整狀況。運用目標函數與反應函數的分析方式可以完整地結合貨幣政策框架和信息不對稱內容這兩類要素。②將貨幣政策透明度劃分為目標透明度、知識透明度和決策透明度。目標透明度,指政策目標明確、政策偏好清晰。引起中央銀行偏好信息不對稱有兩方面的原因,一是委託—代理問題;一是偏好不可觀測導致了信息的不完全甄別。若公眾能準確地揣摩到中央銀行的意圖,則貨幣政策在其目標上就是透明的。知識透明度,指中央銀行所擁有的有關經濟狀況信息的公開,主要包括對經濟衝擊性質、經濟數據、中央銀行使

用的經濟模型、貨幣流通速度和中央銀行的預測分析等經濟知識進行的信息披露。決策透明度,指宣告貨幣政策決策情況及貨幣政策措施的貫徹執行情況,包括決策過程、思路、結果等的公開。③提出透明度措施是一種「新」貨幣政策工具。中央銀行說話(發表非正規言論,cheap talk)和行動一樣,都是必不可少的貨幣政策程序。由於政策制定者擁有一些政策偏好的私人信息,居於可以將自身偏好轉變成現實政策的特殊地位,他們僅憑一些言論就能影響金融市場,這些言詞甚至無須緊隨任何政策工具的調整,只要說出未來的貨幣政策傾向即可。利用這種方式,貨幣政策可以不費成本地調節私人預期,而且與實際調整相比,中央銀行說話不會帶來更寬泛的經濟后果。④立足於「原子經濟」角度分析透明度與預期到的貨幣政策有效性之間的內在聯繫。在經濟社會中,各個成員需要形成對他人信念的預期,這常常被稱為更高層預期問題或更高層信念問題。更高層信念是一種預期狀態,反應了公眾成員對「一般」公眾成員的預期的預期情況。由於生產的外在性、需求溢出效應、金融市場的不完全性及凱恩斯摩擦等,宏觀經濟的互補性舉足輕重,因此更高層預期問題對貨幣政策來說關係重大。公共信號屬於共同知識,公眾成員在對一般性預期的預期中,會重視這類信號的特殊意義。中央銀行在信息披露中創造的共同知識,提供集體信念的聚點,能充當協調機制。

關鍵詞:貨幣政策透明度　偏好　通貨膨脹傾向　責任　預期機制

Abstract

Information is critical in affecting how a country is governed, and it can improve public governance or institutional quality. Monetary policy is an important public policy, so it has a close bearing on social welfare. Economic agents and policymakers are interdependent, specifically, the public forms expectations of the dynamic feedback rule that policymakers follow to implement policy, so central bank credibility and clear market expectations are critical to policy success. Canzoneri(1985) demonstrates that there will be private information problems and necessarily periodic bouts of inflation followed by periodic bouts of deflation if a monetary institution is opaque.

The paper is mainly to card and expound all kinds of existing views on monetary policy transparency, and constructs an integrated theoretical frame. This paper's structure is as follows:

Chapter1 introduces the rising background of transparency institution in monetary policy and Practices on transparency in some central banks. First, the breakdown of the Bretton Woods System ends the times of commodity – based monetary standards, and good work of the economy relies on the presence of nominal anchor in Fiat Money standards; Second, the Great Inflation of the 1970s recovers the idea on neutrality of money, and that central bank must implement 「constrained discretion」 policy is realized; Finally, the Asian Financial Crisis in the end of 1990s directly and quickly gives birth to political transparency rules in the world. What do central banks actually do with monetary policy transparency? Then the chapter looks at a few prominent cases including the Federal Reserve System, the European Central Bank; the Bank of England, the Bank of Japan and the people's Bank of China.

Chapter2 discusses the implication of monetary policy transparency, and analyses extendedly its content. In general, monetary policy transparency is about the openness of monetary policy, which corresponds to information symmetry or certainty. To a large degree, why monetary policy information is asymmetric are because that central bank preferences are unobservable, and that central bank has informational superiority. Monetary policy transparency generally focuses on information disclosure about central bank's preferences, economic models, decisions, political implementation and the like. Overall, monetary policy transparency includes three types: goal, knowledge and decision transparency.

Chapter3 analyses the effects of monetary policy transparency. Transparency has two kinds of effects: uncertainty effects and incentive effects. Specifically, transparency can reduce uncertainty and the private sector's monitoring cost, strengthen central bank's credibility, and improve predictability in monetary policy. It is more important that transparency is an additional policy instrument in addition to reserve requirements, rediscount and open-market operations.

Chapter4 states the relationship between transparency and time inconsistency in monetary policy. The economic argument for transparency is time inconsistency. In reality, transparency is an institutional arrangement that gets rid of the inflation bias of time inconsistency. The classical concept of inflation bias is based on time-inconsistency proposition, but Cukierman et al. put forward the idea about 「new」 inflation bias, which originates from the precautionary behavior of central bank, that is, central bank feels the gain from (economic) growth less than the loss from the same magnitude of recession, so it has different attitudes or asymmetric preferences about positive and negative output gaps, this way, it always and preemptively implements somewhat loose policy, which leads to negligible inflation accumulations.

Chapter5 expounds the public policy argument for transparency: central bank independence and accountability. Independent bureaucrat should be accountable to the public to safeguard the democratic legitimacy, furthermore, the public decisions partly show competing interests including politics, so, if they are transparent, governments will be difficult to hide their bad actions and avoid the costs of opportunism. In fact, independent central bank still has inability to make fully credible commitment to low inflation, because the independence can't isolate thoroughly monetary policy from political and partisan influences. Besides, the uncertainty about independent central bank's preferences gives rise to a 「democratic deficit」, which is a social cost and erodes the delegation of monetary policy, so transparency can prevent central bank from abusing its power or decision independence.

Chapter6 analyses transparency how to improve the effectiveness of expected monetary policy. The real world is full of very small private sectors that are interrelated, consequently, this leads to the problems of atomistic economy: information heterogeneity, equilibrium multiplicity and expectation trap. To solve these problems, public information plays dual role of conveying fundamental information as well as serving as a focal point for beliefs. Monetary policy transparency can influence the market information structure, and thereby coordinate price – setting and investment decisions. The coordination mechanism of monetary policy transparency can restrain the discretion of monetary policy equilibrium, and make it close to the desirable social one. The policy interventions have two channels: First, if monetary authority transmits its private information to markets, the transmission will reduce the heterogeneity of market beliefs, therefore influencing adjustment dynamics and price heterogeneity; Second, even in the absence of private information, because of a forecasting externality in the processing of information, monetary policy may also make active intervention to influence the trade-offs in the use of public and private information.

Title: On the Theory of Monetary Policy Transparency

Keywords: monetary policy transparency, inflation bias, preference, accountability, expectation mechanism

目 錄

第一章　緒論　1

第一節　貨幣政策透明度制度的興起　2
一、隱密操作的后果　3
二、透明度制度興起的原因　5
三、促成透明度制度的三大歷史事件　6

第二節　一些中央銀行的透明度做法　10
一、美聯儲　11
二、歐洲中央銀行(ECB)　14
三、英格蘭銀行　16
四、日本銀行　17
五、中國人民銀行　18

第二章　貨幣政策透明度涵義、內容　20

第一節　涵義　20
一、相關文獻　20
二、狹義、廣義透明度　22
三、貨幣政策信息不對稱源泉　23

第二節　貨幣政策透明度內容的展開分析　26
一、相關文獻　26
二、內容：目標透明度、知識透明度、決策透明度　27

小結　50

第三章　貨幣政策透明度效應　53

第一節　總體效應　54
一、不確定性效應　54
二、激勵效應　56

第二節　具體效應　58
一、透明度措施：另一種貨幣政策工具　58
二、透明度、監督成本與道德風險　63
三、透明度、不確定性與貨幣政策的可預測性　64
四、透明度、可信性與聲譽　66
五、透明度與貨幣政策制定的激勵機制　70

第三節　透明度與金融市場運作的相關實證分析介紹　70
一、透明度效應的實證結論　71
二、透明度效應的實證方法介紹　74

第四節　適度透明度分析　76
一、相關文獻　76
二、透明度與貨幣控製的均衡　79
三、可信性與靈活性的平衡　84

小結　88

第四章　貨幣政策透明度依據之一：時間不一致性（經濟依據）　90

第一節　貨幣政策的時間不一致性　91
一、時間不一致性　91
二、時間不一致性假說的信息結構　93
三、時間不一致或相機貨幣政策下的通貨膨脹傾向　93
四、通貨膨脹低、穩定的福利涵義　94
五、通貨膨脹目標透明度有利於價格穩定的維持　95

第二節　透明度與相機決策、規則　97
一、相機決策與規則　97

二、透明度：相機政策的一種約束機制　99
三、約束相機決策的制度安排與透明度　102
第三節　貨幣目標制、通貨膨脹目標制、匯率目標制與
　　　　透明度　106
一、貨幣目標制　106
二、通貨膨脹目標制　109
三、匯率目標制　115
四、透明度在三種貨幣制度下的通貨膨脹效應比較　115
第四節　透明度與「新」通貨膨脹傾向　116
一、正確經濟模型一致意見缺乏所引致的相機貨幣
　　政策　117
二、中央銀行的產出缺口（output gap）損失不對稱性　119
三、在正常產出目標下，通貨膨脹傾向並未消失　119
小結　123

第五章　貨幣政策透明度依據之二：獨立性、責任制（一般性公共政策依據）　125

第一節　中央銀行獨立性是一種模糊的貨幣承諾機制　126
一、獨立性的涵義　126
二、獨立性的意義　128
三、獨立性承諾機制的模糊性　129
第二節　獨立性與民主責任　132
一、民主虧空與責任要求　133
二、民主責任　134
三、獨立性與責任負相關　136
第三節　透明度與責任制　139
一、相關文獻　139
二、信息披露是責任的內在要求　142
三、透明度與責任評估　143
四、透明度強化了責任制　144

小結 *146*

第六章 透明度與預期到的貨幣政策的有效性 *148*

第一節 政策無效性假說 *149*

  一、政策無效性假說簡述 *149*

  二、政策無效性假說的崩潰 *150*

第二節 透明度與預期協調 *151*

  一、貨幣政策傳遞的預期機制 *152*

  二、「原子經濟」問題：信息互異、均衡多重性、預期陷阱 *154*

  三、透明度、共同知識與市場預期協調 *158*

第三節 透明度與貨幣政策交流 *161*

  一、貨幣政策交流的必要性 *161*

  二、透明度為貨幣政策鋪展了交流平臺 *162*

第四節 透明度與穩定化政策 *163*

  一、貨幣政策與實際穩定 *163*

  二、通貨膨脹波動與產出波動之間的交替性 *165*

  三、透明度與穩定政策 *167*

第五節 透明度、政策效率與宏觀經濟業績關係的一些實證分析介紹 *170*

  一、透明度的度量 *171*

  二、透明度、貨幣制度和宏觀經濟業績 *172*

  三、透明度與政策有效性 *174*

小結 *178*

參考文獻 *180*

第一章

緒 論

　　在經濟理論上，分析透明度離不開信息不對稱分佈這一基本假定，所以，從一般意義上講，貨幣政策透明度，是泛指貨幣政策信息的公開程度。歷史上，中央銀行不公開其業務操作情況，隱密性被視為中央銀行文化的一部分[①]。例如，世界上最具影響力的中央銀行——美聯儲，曾在20世紀80年代中期堅決捍衛過隱密性，認為信息披露會助長金融市場的波動，讓某些投機者獲益，而貨幣政策的實施卻遭到干擾，它為此捲入了一場訴訟，即有名的「Merrill 對 FOMC」[②]事件。具體來講，美林在訴訟中提出，美聯儲應該及時公布會議記錄和政策意向，而美聯儲針對這些要求在辯護中舉出了5條基本理由：①業務隱密性可以防止不公平的投機；②對新近發布的信息，它會採取一些對策，如果將政策處方公開，公眾卻不能作出準確預期，他們就會產生不適宜的政策反應；③信息的廣泛披露，可能提高政府的借款成本，這樣，政府的商業利益會受損；④只有不表明政策立場，才能擁有靈活性，以便在需要的時候可以相機行事；⑤關鍵性經濟指標一公布，公眾就會立

---

　　① 針對這一現象，1987年 William Greider 寫了一本論及美聯儲的名作《神殿的秘密》(Secrets of the Temple)，曾風行一時，憑書名就可以想像一個活靈活現的貨幣政策高級神父形象——他隱身於華盛頓特區冰冷的大理石后，運籌帷幄，操縱著芸芸眾生。神祕化形象也曾是中央銀行官員普遍孜孜以求的一種職業素養。例如，美聯儲主席 Greenspan 就坦誠地說過：「既然我已當上了中央銀行行長，我就必須學會，說話盡量有條理地含糊其辭」(《每週新聞》1988年7月25日)。至今，他仍堅守著模棱兩可的語言特色，因此時時有媒體戲謔他，稱「只有上帝瞭解格林斯潘的心」。

　　② FOMC，聯邦儲備體系公開市場委員會。該事件發生在1986年。

刻作出反應,這將加大利率平滑操作的難度。

　　追根溯源,中央銀行隱密性文化是出自最后貸款人機制。早期的最后貸款人機制提供的服務包括貼現窗口,這必然涉及個別銀行的貸款與資產組合方面的私人信息,但是,最后貸款人機制的職能之一是維持公眾對銀行體系的信心,所以需要對陷入困境的銀行的私人信息進行保密。貨幣政策缺乏透明度也可能是因為:①中央銀行官僚的尋租行為。中央銀行官僚們可能出於自身前程的考慮,無論是政治前途還是市場前途,而開展尋租活動,擴張自己的影響範圍。尋租活動維護他們在享有特權——壟斷地位的同時規避了責任,所以只能在眾目睽睽之外進行幕后運作。②貨幣政策不透明才最有效的貨幣政策觀念。這種思想認為,有限透明度,甚至沒有透明度最好。在隱密狀態下,市場參與者不知道中央銀行的意圖,某些政策措施的效果,尤其是外匯市場的干預操作效果因此會增強;而且,中央銀行可以秘密採取一些適當的、可能在政治上不受歡迎的政策措施;此外,一些決策者也擔心,如果短期目標太明確,就將難以改變,從而會妨礙經濟、市場演化所必需的政策調整。

第一節　貨幣政策透明度制度的興起

　　20 世紀 80 年代,人們對貨幣政策透明度的態度發生了轉變。這種現象,一方面折射了經濟學家在理解貨幣政策傳遞機制方面所取得的進步,另一方面是因為公眾要求政府行政與一般性公共政策更加開放。另外,80 年代早期,一些國家為了降低當時的高通貨膨脹,迫不得已採取了強硬措施,這些措施讓公眾很痛苦,需要中央銀行加以公開解釋。

　　20 世紀 90 年代早期,新西蘭、加拿大、英國和瑞典等國家的中央銀行開始實施「通貨膨脹目標制」框架。這一框架的核心特徵是:規定一個明確的通貨膨脹目標,發布通貨膨脹預測報告。

許多其他國家的中央銀行,包括像巴西這樣的新興市場經濟國家的中央銀行、剛剛建立的歐洲中央銀行(ECB),甚至像美國、日本和瑞士這些國家地位穩固的中央銀行,儘管不都是採取通貨膨脹目標制這種形式,但也逐漸增強了公開性。例如,ECB 在政策操作中引進了許多有助於增加透明度的制度和規程,它十分強調與社會交流的重要性,Issing 將與公眾交流的做法稱作 ECB 貨幣政策策略的「隱形支柱」。同樣,日本銀行也在增加透明度上採取了切實行動,特別是從 1998 年相關法律被修訂以來,它在提高透明度方面表現得尤為熱衷。而英格蘭銀行,1998 年的《英格蘭銀行法》一方面確立了它在業務操作上的獨立性,另一方面也恢復和強化了它在 20 世紀 90 年代初期執行的透明化進程。與美聯儲一樣,這些中央銀行在每次貨幣政策委員會會議結束后都會發布政策調整公告,並通過組織記者招待會或發表會議記錄的形式,解釋其政策思路;定期對經濟發展動態進行公開評估,同時向社會發表經濟和通貨膨脹前景預測分析。1998 年,Fry, Julius, Mahadeva, Roger, Sterne 對 94 家中央銀行的調查,進一步證實了中央銀行透明度已成為貨幣政策的主要特徵之一。調查顯示有 74% 的中央銀行視透明度為其貨幣政策框架的一個關鍵要素,透明度受重視程度,僅僅被獨立性和低通貨膨脹預期維持這兩個要素超過(分別為 83%、82%)。1998 年后的中央銀行改革表明,透明度的重要性有增無減。透明度問題,即如何最充分、準確、及時地向公眾提供關於貨幣政策制定過程和結果的信息,已引起了人們的廣泛關注。

一、隱密操作的后果

Goodfriend(1986)在《貨幣的神祕:秘密、中央銀行》一文中針對上述美聯儲固守隱密性的依據給予了一一反證,該論文具有里程碑意義,是討論貨幣政策隱密操作的成本與收益的開山之作。文章的宗旨是,經濟決策中預期的重要性日益增加,在這種環境下,隱密性對中央銀行各種政策反應幾乎都不利,相反,信息披露

會減少信息不對稱和市場的不確定性,可以減少預測誤差,從而改善社會福利。

　　隱密性會產生嚴重后果。例如,沒有可理解的價格穩定目標,常常會產生多重的、交替的政策目標,平添不確定性,結果任何一條暗示中央銀行將改變政策目標的消息,市場都給予回應,從而滋生金融市場的波動。不僅如此,中央銀行採取的政策措施,甚至官員發表的言論,由於可以進一步提供關於政策目標、「經濟模型」或政策工具方面的一些線索,所以也都會引起市場的反應。而且對中央銀行來說,如果缺乏清晰的可理解的政策目標,它也不可能對自己的行為負責,它的可信性會因此受損,而可信性的下降將提高反通貨膨脹的成本;對私人部門來說,在缺乏透明度時,他們的利率決策必須考慮不確定性溢價,而不確定性溢價會抬高利率水平。

　　貨幣政策決策過程與政策指標方面模糊,同樣會增加金融市場的不確定性,使不確定性溢價加重。例如,就政策指標而言,市場如果不知道中央銀行用作政策指標的變量和它關於各個數據相對重要性的看法,結果將是,任何數據披露,只要他們認為將影響中央銀行的行為,都會加以反應。顯然,其中一些市場行動必定是多余的,只會對市場的變幻莫測起到推波助瀾的作用。

　　中央銀行抵制透明度的依據之一,是難以向所有的市場參與者提供同等信息。但是,隨著信息技術的不斷進步,這一理由逐漸瓦解,不攻自破。一般來講,信息總是越多越好,只有信息充分,私人部門作出的決策才會更優秀,從而資源配置效率也才能提高,最終綜合福利也得以改善。近年來,中央銀行業比其他任何經濟領域都更重視信息披露。總之,中央銀行家的職責在於操作貨幣政策,以維持價格、金融體系的穩定來促進經濟的持續增長,他們與私人部門一樣,也是在一個充斥著不可避免的不確定性這樣的環境中苦心孤詣,但是,政策操作中有一種不確定性——他們自身製造的不確定性是可以減少的,作為貨幣政策制定者,他們應該盡力減少向經濟環境添加噪音。良好、透明的政

策,「其本質是:經濟主體與市場回應的是數據而不是政策制定者」(Stephen G. Cecchetti,Stefan Krause,2002)。

二、透明度制度興起的原因

表面上看,是中央銀行獨立性的世界化趨勢將透明度與責任制這兩個如影隨形的問題推到了貨幣制度討論的前沿。在獨立性與透明度的關係上,一般認為,透明度是中央銀行獨立性必要的組成部分,只有貨幣政策的公開化達到了一定程度,才能保障中央銀行責任制實現,不僅如此,透明度也是為了維護獨立的中央銀行的民主合法性。這種公共政策依據無疑是中央銀行業更加開放的一個重要原因。但是,透明度理念萌生卻有深層次緣由。

首先,經濟學界接受了從長期來看貨幣政策是通貨膨脹的基本決定因素,即貨幣政策長期中性這一假說。一方面,意中的與意外的政策之間效應有所不同,因此,如果中央銀行越是透明,它就越不可能運用意外性通貨膨脹政策來暫時增加產出。另一方面,貨幣政策私人預期的重要性日益凸現。透明度越大,貨幣政策才越容易被私人部門預測,在達到其目標上也更為可信,因此也越發有效。相信貨幣政策成功的關鍵在於中央銀行可信性與清楚明瞭的市場預期,這方面的關鍵性理論是宏觀經濟學中理性預期的運用與著名的「Lucas 批判」。Lucas 論證了經濟主體與政策制定者之間是相互依存的關係,公眾形成的是具有動態反饋規則的預期,而決策者在政策制定中必須遵循該規則。

透明度可以增強金融市場的紀律作用。在透明度下,金融市場能更好地反應相關的貨幣政策信息。信息革命大大降低了獲取信息的成本,讓私人預期對包括政府貨幣政策變動在內的經濟干擾作出的回應更迅速,也更準確,這樣,一般的公眾對通貨膨脹就會敏感得多,而且他們對付通貨膨脹也更加老練。因此,中央銀行不得不越來越關注和回應外匯市場、商品市場與債券市場上的通貨膨脹信號,否則就會遭受這些市場的通貨膨脹懲戒。與此

同時，許多中央銀行發現，透明度不但提高了金融市場的效率，還增強了自身作為金融市場參與者的作用。事實上，正是由於認識到了透明度諸如此類的好處，它們才執行了如通貨膨脹目標這種明確的政策目標形式，並改進了對政策目標實現過程、操作程序、操作指標及決策過程的報告質量。

其次，透明度與貨幣政策有效性之間密切相關。現在已經普遍相信，透明度在許多方面改善了貨幣政策功能，所以，中央銀行越來越致力於貨幣政策的交流。在過去，中央銀行幾乎不對它們實施的貨幣政策發表任何聲明，只讓自身行動來說話，而現在的情形完全相反，它們不僅明確宣布、闡述貨幣政策目標，表達自己關於政策措施到目標變量的傳遞機制、運行方式的看法，公布政策的調整情況等，還主動與市場、媒體、公眾交流它對經濟前景的展望及其貨幣政策意向。正是出於貨幣政策本身有效運作的需要，透明度應運而生，這是透明度在經濟上的合意性。

總之，中央銀行的開放遠遠超過了滿足責任制的需要。透明度不只是對獨立的中央銀行責任制要求的一種外在化，更多的是因為它在經濟領域的好處已被認識到，它才作為貨幣政策框架的一個獨立成分而存在。透明度可以減少私人部門的不確定性，在抵消經濟干擾、減輕產出波動方面，也能給予中央銀行更大的靈活性。另外，它還可以促使中央銀行官員的行為更加符合社會最優化要求。

三、促成透明度制度的三大歷史事件

中央銀行的貨幣政策操作方式從隱密到透明，並非偶然。20世紀90年代盛行起來的透明度制度之所以備受青睞，是因為3件大事改變了人們的貨幣政策理念，是中央銀行在貨幣政策經過諸多挫折後不得不做出的一項明智之舉。

（1）布雷頓森林體系的崩潰。貨幣政策先是從金本位制的束縛中掙脫出，隨后又從實行釘住匯率的布雷頓森林體系中獲得徹底解放，但無拘無束的相機性並未帶來成功。商品貨幣本位制度

穩固了價格體系,建立了支配中央銀行行為的自動規則,這種規則容易理解,而且商品貨幣能使經濟活動擺脫由那些行使貨幣統治權的人干擾市場所引起的不確定性。直到20世紀70年代早期與商品相聯繫的布雷頓森林體系崩潰為止,中央銀行的行為在給定的環境下都是可以預測的,因此不需要它對政策目標和操作程序作清晰的描述、說明。

在紙幣本位制下,由於沒有了貨幣標準或價格穩定器,也就喪失了如先前那樣的制度規則,導致不僅貨幣政策目標不明不白,政策治理原則也不清楚。因此,紙幣本位制是建立在不確定性之上的,這種與生俱來的不確定性加大了金融市場的波動,使經濟蒙受通貨膨脹之苦。於是,人們發明了匯率釘住制、貨幣增長規則以及通貨膨脹目標制等「名義錨」(nominal anchor)。無論如何,貨幣政策框架必須保證經濟具備名義錨,才能將多重均衡價格路徑穩定在一個明確的水平上。如果價格不穩定,價格的交錯調整會產生「相對價格分散」(relative price dispersion, Walsh, 2002),必然導致一部分經濟活動無效。在某種意義上,透明度可以滿足名義錨需要,貨幣政策信息的充分披露,不僅減少了不確定性,而且增強了政策的可信性,有助於穩定私人部門的通貨膨脹預期。

此外,紙幣本位制也是建立在統治者的特權之上的。為了防止特權的濫用,公眾需要對政府的貨幣政策行為加以監督,對中央銀行來說,就是減少、杜絕它的道德風險。獲取、收集、整理有關信息的交易成本越低,公眾的監督積極性就越高,透明度為此提供了便利,並降低了這種監督成本。

(2)20世紀七八十年代的「大通貨膨脹」(Great Inflation)。當時,物價水平以10%以上的年率飆升,大通貨膨脹襲擊了幾乎所有的工業國。其間,這些國家的中央銀行在安排貨幣政策時過分看重產出缺口,認為產出缺口被嚴重低估,錯誤地相信許多經濟活動陷於停滯的泥沼(即產出缺口為負值)。因此,當看到通貨膨脹沒有持續下跌,更沒有持續上升時,就斷定貨幣政策對抑制

通貨膨脹無效,反覆強調通貨膨脹波動是由其他的特殊因素而不是貨幣政策所引發的,結果執行了過度擴張的貨幣政策。

在這場通貨膨脹中,發生了一場智力革命,即人們再次認識到:從長期來看,由於價格、工資等名義剛性被清除,貨幣政策傳遞的滯后性消失,通貨膨脹與產出之間的交替關係不復存在,最終,貨幣政策只影響價格水平,對產出和就業不起任何作用。於是,一種常識繼而形成:中央銀行應保持價格穩定,要達到更廣泛意義上的經濟穩定,關鍵是要承諾價格的穩定。所以,授命中央銀行維持價格穩定,被視為貨幣政策體制可信的必要條件。如今,無論是工業國還是新興的市場經濟國家的貨幣政策,其首要目標都是價格穩定。為此,許多國家採取了透明的通貨膨脹目標制貨幣政策框架,這種框架被理論界稱為「受約束的相機政策」(constrained discretion)。

Mishkin, Schmidt-Hebbel (2001)分析了通貨膨脹目標制的五個支柱特徵,它們是:不存在其他名義錨;在制度上對價格穩定作出承諾;財政政策不凌駕於貨幣政策之上;具有政策工具獨立性;確保政策有透明度,並體現責任制。Amato, Gerlach (2002)歸納的通貨膨脹目標制的本質是:公布數字通貨膨脹目標,並且確實想要達到,證據就是中央銀行積極調整操作目標(工具)與完成通貨膨脹目標的方向一致。Walsh (2002)認為,通貨膨脹目標制的核心成分包括:對低的、穩定的通貨膨脹率作出承諾;這種承諾通過宣布以數字表示的通貨膨脹目標(包括定義價格指數)來公開表達;為完成目標任務,中央銀行擁有工具獨立性。

可見,通貨膨脹目標制強調貨幣政策的透明度特性。在該體制下,不僅政策目標清晰、單一明瞭,而且中央銀行定期公布通貨膨脹預測報告及相關分析,並向公眾說明它關於貨幣狀況的評估情況,解釋它所採取的政策舉措。中央銀行實行的這些透明度措施,有利於公眾準確地理解它的意圖,對穩定長期通貨膨脹預期具有積極作用;並且,政策制定者會更少著眼於短期的經濟變化,而採取更為穩定的貨幣政策方針,這樣,政策利率的短期波動將

減輕。

(3)20世紀90年代末的亞洲金融危機。亞洲金融危機爆發之后,國際貨幣基金組織(IMF)認為,一些國家的政策不夠透明,是危機爆發的主要原因之一,於是強調「透明度是金科玉律(黃金規則)」,並加強國際金融架構,提高透明度,為此建立透明度良好行為準則和國際標準,積極推動這些準則和標準的實施和執行。具體來講,1999年9月26日,IMF總裁臨委會(the Interim Committee of the Board of Governors)頒發了總的政策透明度準則,其中貨幣金融方面是「貨幣金融政策透明度良好行為準則」(簡稱IMF準則)。

在1913年美聯儲創建時,世界上只有20家中央銀行存在,經過近100年的發展,到1998年歐洲中央銀行ECB誕生時,中央銀行數目擴大到了173家(King,1999;波拉德,2003)。但是,在20世紀90年代前,沒有一種貨幣政策框架被廣泛使用過,而到2001年,據Mishkin,Schmidt-Hebbel的統計,已有19家通貨膨脹目標制中央銀行。通貨膨脹目標制被如此看好,說明了一種理想的貨幣政策框架不僅要能夠提供名義錨,還必須可以增進政策的透明度。早期採用通貨膨脹目標制的都是歷史上的高通貨膨脹國家,如新西蘭、英國、加拿大、瑞典、以色列、澳大利亞與西班牙等。在1998—2000年期間,又有9個國家採納了這種體制,包括巴西、墨西哥、捷克共和國、哥倫比亞、波蘭、南非、瑞士,以及受亞洲金融危機影響最大的5個國家①中的韓國、泰國。例如,韓國在反思亞洲金融危機這場災難中所出抬的一項重要政策,就是將價格穩定確立為貨幣政策的首要目標寫入《韓國銀行法》,並規定從1998年8月開始生效。現在,韓國銀行官方對外宣布目標通貨膨脹率,目標通貨膨脹率按照核心CPI定義,並通過調整短期利率來實現。1998年,韓國通貨膨脹水平最高超過了7%,1999年又一度跌落到0以下,隨后在2000年、2001年逐漸回升。韓國銀行

---

① 其余3個國家是印度尼西亞、馬來西亞、菲律賓。

2002年制定的中期通貨膨脹目標是 2.5%。

總之,全球的經濟體系越來越重視市場機制,而這種機制需要完善的國家金融體系和良好的公共治理支持。現在,由亞洲金融危機事件直接催生的透明度規則已演化成所有經濟政策制定者們「良好治理」(good governance)要求不可或缺的內容,這個規則界定了市場參與者與政府之間的一套成熟關係,一旦滲透到新貨幣政策基礎結構中,中央銀行將不再依賴某種「建設性的含糊」來處理貨幣金融政策,而是在一個解釋、傳播政策變化的透明體系內運作,與公眾在相同的信息環境中平等地開展市場博弈。

第二節 一些中央銀行的透明度做法

現在,許多中央銀行在貨幣政策目標、傳遞機制、經濟前景、政策利率,甚至政策意向等方面的透明度都進展可觀。它們不僅在貨幣政策例會結束后立即發表政策聲明(這些聲明常常會披露一些政策制定背後的討論情況),同時其領導還向傳媒發表公開講話。另外,它們會更頻繁地公布一些優質資料,如通貨膨脹預測分析、貨幣政策報告、證詞;解釋政策措施到市場利率、匯率,再到產出、通貨膨脹的傳遞途徑;介紹所使用的宏觀經濟模型、季度預測模型,等等。

雖然,當今中央銀行都對貨幣政策透明度青睞有加,但在具體操作中,卻存在分歧或者說差異,實踐中沒有千篇一律的透明度模式。例如,英格蘭銀行(BE)模式與 ECB 模式相比,雖然二者皆贊成中央銀行應該透明和負責這一總的原則,但所採取的手段卻截然不同。它們最大的爭議是關於中央銀行預測公布的時間及是否將個人投票記錄公開這兩點。BE 模式贊成及早發布這類信息,而 ECB 模式是以德國聯邦銀行(BB)在過去幾十年裡形成的理念為基礎,因此持相反的態度。這些差異,一部分是因為 BB 認為中央銀行應負「集體責任」,而 BE 則更強調委員的個人責

任;另外,差異也反應了這樣一個事實:從20世紀90年代后半期以來,英國、瑞典等國家實行明確的通貨膨脹目標制,不僅採取具體的數字通貨膨脹目標,而且這一目標由政府決定,相反,在BB和ECB,目標則由中央銀行自己制定。在通貨膨脹目標制下,中央銀行及時公布預測分析,被視作它的一項基本責任,因為只有這樣做,才能讓委託人(政府)對目標偏離作事后判斷。目標偏離的原因有很多,如代理人(中央銀行)的表現不行、未預期到的經濟衝擊等,這些都關係到對中央銀行的責任認定。

又如,與通貨膨脹目標制國家的中央銀行相比,Greenspan麾下的美聯儲透明度明顯不足,但10多年來其貨幣政策卻取得了巨大成就,公眾普遍認為,這應歸功於Greenspan的個人能力,他的「能力聲譽」支撐了透明度的不足,並對經濟起了「名義錨」作用。當然,從長遠來看,良好的政策效果是需要制度來保證而不只是仰仗領導者的個人能力。

再如,美聯儲、歐洲中央銀行、英格蘭銀行和日本銀行等公布經審計的年度預算報告,而中國人民銀行卻從不公開。

因此,一國貨幣政策透明度的具體操作模式要視其歷史、文化、制度、中央銀行領導者的個人能力等因素而定,其中最為重要的影響因素是貨幣政策的基礎結構。貨幣政策基礎結構,主要是指主要決策者的任命方法、政策制定程序、政策目標和工具、決策過程等,它影響政策行為,從而決定著中央銀行的透明度做法。

一、美聯儲

充分就業、價格穩定以及適度的長期利率,是美聯儲貨幣政策的三個最終目標。從這些目標來看,它們既沒有明確的定義,也沒有先後順序之分,而且,價格穩定在美國並未給予相對於其他目標的優先性。顯然,美聯儲政策制定者在操作中需要對這些目標進行分級,至少暗中會這樣做。

在貨幣政策透明度方面,美聯儲最具特色的是它的作證制度。向國會作證和提交貨幣政策書面報告是對美聯儲的一項法

定要求。作證制度始於1977年，並在《聯邦儲備法》裡作出明文規定，要求美聯儲理事會主席每半年向國會（即向參議院銀行業、住房和城市事務委員會，眾議院銀行業和金融服務委員會）作一次聽證。1978年國會進一步修訂了《聯邦儲備法》，要求理事會在主席作證之前向國會提交書面報告。在2000年的《聯邦儲備法》再次修訂中，規定貨幣政策報告應結合就業、失業、生產、投資、實際收入、勞動生產率、匯率、國際貿易與收支和價格等，來討論貨幣政策操作、經濟發展狀況及其未來前景。

對美聯儲來說，相關的短期政策策略透明度，表現在當前的聯邦基金利率目標、指向性（directive）措辭所顯示的政策傾向（tilt），以及聯邦公開市場委員會（FOMC）每次例會后發布的新聞公告上。過去10年，美聯儲在這個領域的透明度取得的進步最大。美國的貨幣政策決策由FOMC制定。FOMC由聯儲理事會7位理事、紐約聯邦儲備銀行行長以及其他四位輪值的聯邦儲備銀行行長組成①。每個儲備區與一個或者兩個其他儲備區分成一組：波士頓、費城和里士滿，克利夫蘭和芝加哥，亞特蘭大、達拉斯和聖·路易斯，明尼阿波利斯、堪薩斯城和舊金山。所有12個聯邦儲備銀行行長都出席和參加FOMC的政策審議，但是只有聯儲理事和5位聯邦儲備銀行的行長才能投票決定政策行動。根據美國法律，FOMC每年必須至少召開4次會議，自1981年以來，規定每年召開8次會議。但實際上FOMC更為頻繁地增加了會議（通常是電話會議），以便對休會期間出現的經濟變化作出反應，譬如，在2001年就舉行了3次這樣的會議。

在1994年以前，FOMC不會發布會后聲明，甚至連有關聯邦

---

① 1933年FOMC根據1933年修訂的《聯邦儲備法》創立時，其組成成員與聯邦儲備區數目相等。每家聯邦儲備銀行的董事會從自己的儲備區選擇一名代表。理事會成員允許出席會議。1935年，成員資格改變為包括聯儲理事會成員以及5名聯邦儲備銀行的代表。1942年，紐約在FOMC中獲得了永久的席位，同時為其他儲備區建立了現在這樣一種組合。此外，每家聯邦儲備銀行董事會選擇的代表必須是該行的行長或者副行長。

基金利率調整決定的公告也不發布。大多數情況下，委員會僅僅是間接通過公開市場業務操作影響利率，以向金融市場發出調整利率的信號。從1994年2月開始，它改變以往的隱密性操作程序，實行在特定的FOMC會議上調整基金利率目標，並在休會後立即對外公布，但是如果會議沒有作出利率調整，FOMC在會後便會保持沉默。不過從1999年5月起，FOMC在每次會議之後都發布聲明，並將委員會以指向性措辭表達的政策傾向與當前聯邦基金利率目標一同公布。從2003年的夏季開始，美聯儲對未來的政策利率的意向也開始表白得更為明確了。從美聯儲的新聞公告內容來看，公告首先是宣布聯邦基金利率目標是否有變化，然後再簡單地描述經濟狀況及闡述政策變化的原因。從2002年3月起，公告又開始納入FOMC的投票結果，如果有成員對通過的政策措施持不同意見，則將他的名字和所支持的政策都一併加以披露；此外，公告還要說明貼現率的變化，並公布要求調整貼現率的聯邦儲備銀行的名單。FOMC會後聲明的內容到現在發生了很大變化，除了對當前經濟形勢的簡單描述外，還用公式表示有關產出增長和通貨膨脹前景的風險均衡，「風險均衡」代替了以前的「政策傾向」。「政策傾向」大致描述了聯邦基金利率在未來的可能走勢，「風險均衡」也提供有關未來貨幣政策的可能走勢方面的信息，但主要是通過敘述FOMC對其期望達到的最大持續就業率和價格穩定的雙重目標所存在的潛在衝突的估計，間接地暗示貨幣政策的走勢，而不是通過對貨幣利率本身進行評價來直接明示。

　　FOMC每次例會后，美聯儲發表聲明但不舉行新聞發布會。在下次例會召開的前一兩天，FOMC再公布上一次例會的會議記錄，會議記錄對會上採納的政策立場所依託的經濟狀況、前景和原因進行更為詳細的總結，但一般不指明每個委員個人具體的政策觀點，投反對票的情況除外。2004年12月14日，FOMC全體委員一致決定，迅速在每次例會的政策決定滿3周后的當天公布會議記錄。新計劃從2005年1月4日下午美國東部標準時間2

點公布2004年12月14日的會議記錄起開始實施。

在對經濟前景的展望上,美聯儲一般公布兩類信息。在向國會提交的半年報告中,每位理事會成員和聯邦儲備銀行行長對當前和下一年的產出、通貨膨脹、失業率所作的預測及這些指標的平均預測水平要公布。風險評估,尤其是風險變動,被看作FOMC未來政策去向的一個指標。從2000年2月起,FOMC發布的新聞公告中開始納入風險評估項目,借以說明委員會對在可預見的將來通貨膨脹壓力或經濟疲軟的風險評價情況。這裡所說的「可預見的將來」不僅僅限於兩次會議之間的那段時間。

此外,美聯儲還收集並發布與銀行、貨幣總量相關的數據及其他相關的經濟活動指標。

二、歐洲中央銀行(ECB)

從1999年開始,ECB承擔歐元區的貨幣政策職責,與來自各成員國中央銀行的行長一起共同制定歐元區的貨幣政策。

就貨幣政策目標來看,《馬斯特里赫特條約》規定,歐元體系的主要目標是「維持價格穩定」,在不妨害價格穩定目標的前提下「支持總體經濟政策」,並明確指出其他任何目標皆從屬於價格穩定目標。ECB對價格穩定目標給出了量化定義——消費物價年增長率低於2%。由於價格在短期內受許多中央銀行控製之外的因素影響,並且由於貨幣政策措施對通貨膨脹產生影響需要一定的時間,因此,這個目標被認為是一個中期目標。此外,由於某一時點偏離價格穩定未必就表明政策失敗,所以管理委員會還制定了一個貨幣總量目標。

歐元區的貨幣政策決策具體由ECB管理委員會制定。管理委員會的成員資格則相對簡單得多,它由執行委員會的6名委員和12位歐元區成員國的中央銀行行長組成。根據相關的法律規定,管理委員會每年必須至少召開10次會議。自創建以來,它一般每月召開兩次,遠比FOMC來得頻繁。管理委員會每月開會兩次,每兩周就會導致市場投機和匯率、市場利率的進一步波動,因

此，從2001年11月起，管理委員會將有關貨幣政策的討論限定在每月的第一次例會上，每月的第二次會議照舊舉行，但主要討論的是那些與ECB其他任務有關的問題。在周四的貨幣政策會議之前大約兩天，管理委員會的成員會收到一份「橙皮書」（因其封面顏色而得名）。該書由ECB的首席經濟學家準備，他也是執行委員會的成員之一。「橙皮書」對經濟、貨幣狀況進行了分析，但不提供政策選擇系列，只是提出一項政策建議。貨幣政策會議以首席經濟學家介紹「橙皮書」中的經濟前景報告開始，隨後，其他成員陳述各自的觀點，最後，ECB行長總結會議的討論情況，並歸納不同的政策意向，在此基礎上得出一致的政策意見。由於歐元體系由多個國家構成，也就是說它具有多國性，這樣，任何投票信息的洩露都將會給各國中央銀行的代表造成政治壓力，從而導致他們從國家利益出發而提出背離歐元區整體利益的觀點。因此，出於這種擔心，ECB在會上既不對政策進行正式投票，也不公開投票結果。

管理委員會的貨幣政策會議結束後，ECB發布新聞公告，同時，行長召開新聞發布會。新聞公告宣布主要的再融資利率、補充貸款利率和存款利率的變化。在新聞發布會上，行長對歐元區的經濟現狀和前景作總體介紹，並提供政策決策框架。ECB還發布月度公報，討論政策調整和歐元區的經濟狀況。新聞公告、新聞發布會記錄和公報均刊登在ECB網頁上。由於特殊的治理結構，加之管理委員會認為公布會議記錄會限制會上的意見交換，並且新聞發布會也已經提供了會議概況，因此ECB不公布會議記錄。

《馬斯特里赫特條約》要求ECB向歐洲議會、經濟和財長會議、歐洲委員會和歐洲理事會報告「當年和上一年的貨幣政策」，每年一次。ECB行長必須向歐洲議會、經濟和財長會議提交書面報告。目前，ECB行長每季度向歐洲議會經濟和貨幣事務委員會作證一次，解釋說明管理委員會近期的政策決定。

最初，ECB拒絕公布預測，從2000年12月起，它開始將預測

納入其月度公報中,但只是簡略地公布。

三、英格蘭銀行

英格蘭銀行的貨幣政策由貨幣政策委員會(MPC)負責。委員會由5名中央銀行高級官員與財政大臣任命的4名獨立專家組成,負責確定適度的利率,實現政府規定的價格穩定目標。MPC每月召開一次例會,政策提議通過委員一人一票的方式投票表決,但財政部派出的代表不具有投票資格,只是以觀察員的身分列席會議。

英格蘭銀行從1992年起開始實行通貨膨脹目標制。通貨膨脹目標由政府規定,每年以政府年度指示的形式進行更新,目標值按以12個月為基礎計算的(12-monthly)零售價格指數(RPI)測量,包括抵押貸款利率支付在內。一直以來,這個目標都是2.5%,並且還是對稱的,即英格蘭銀行對實際通貨膨脹相對於目標的上下偏離,必須一視同仁。當偏離達到了1個百分點的臨界值時,無論是超出還是不足,都要求行長必須向財政大臣提供公開文件,解釋偏離的原因,說明偏離的時間,還要陳述針對偏離問題正在實施哪些對策,並指出這些對策是否與政府更廣意義上的政策目標一致。

政策決策情況在通過的當天就對外宣布,若政策發生了變動,則在政策聲明中還要說明變動的原因。在貨幣政策會議結束兩周後,MPC公布會議紀要。會議紀要記載的內容包括:①委員會的討論內容,包括世界經濟、貨幣、信貸與資產價格、需求和產出、勞動力市場、價格和成本,以及其他需考慮的事項;②委員會成員就經濟金融形勢發表的意見及政策建議;③需立即執行的政策及其投票結果;④附錄——銀行職員提供的數據概覽。英格蘭銀行發布的會議紀要,與眾不同之處在於對個人投票記錄的公布。它不僅公布贊成和反對的票數,還毫不避諱地列出持贊成和反對意見的名單。

英格蘭銀行必須以定期報告的形式解釋它的政策決策和行

動,這些報告也向公眾開放。其中,季度通貨膨脹報告的內容有:兩年期內的產出、通貨膨脹條件預測[①]及短期預測;宏觀經濟分析;政策效果的非正式評價。此外,從1999年8月起,在通貨膨脹報告中還開始討論 MPC 的預測記錄。在公布的預測分析中,英格蘭銀行不明示政策傾向。

另外,英格蘭銀行還在網頁上公布它在政策制定中所使用的政策模型,這也是它透明度的一大特色。

四、日本銀行

日本銀行具有多重目標:發行銀行票據(banknotes);調控貨幣金融,維持價格穩定;保障銀行和其他金融機構之間的資金融通順利,維持金融體系的有序運作。這些目標既沒有先后、主次之分,也沒有給予明確的定義和量化要求。

根據《日本銀行法》的規定,政策委員會主席必須在每次貨幣政策會議后,於一定期限內向社會披露決策制定的過程和內容;每6個月要通過大藏大臣向國會提交一次政策委員會的貨幣金融調節決議、業務狀況報告;在年度末向社會公布本年度的業務狀況及財務報告;公布其官員和職員的薪金標準、服務標準。

政策委員會的政策決議在當天公布,政策若有變動,在發表聲明的同時還要做出解釋。在政策會議結束大約6周后,將會議紀要信息解禁並披露,披露的內容包括:政策討論概況、政府代表的發言、個人投票情況。

日本銀行還發布「近期經濟金融發展月度報告」。該報告不僅分析宏觀經濟形勢,而且正式評價貨幣政策效果,但不明確解釋政策結果與目標之間的偏差。2001年前,日本銀行還將平均的、無擔保的隔夜贖回利率(overnight call rate)做成走勢圖,登載

[①] 條件預測,指預測以貨幣政策不變為條件,即沒有貨幣政策行動,一般是指名義短期利率不變;而無條件預測,則納入計劃的貨幣政策行動的影響,即貨幣政策是「內生的」。

在該報告中①。從2000年10月起,它每半年發布一次「經濟、價格風險評估與展望」,開始對通貨膨脹、產出作短期條件性預測,但不表明政策傾向。

五、中國人民銀行

中國的貨幣政策目標是「保持貨幣幣值穩定,並以此促進經濟增長」。貨幣政策中間目標包括廣義貨幣(M2)、狹義貨幣(M1)、貸款等一組指標,其中短期主要看M1,中期看M2。從1994年3季度起,中國人民銀行開始按季向社會公布貨幣供應量指標,1996年增加對通貨膨脹控製指標的公布。2002年,按照國際貨幣基金組織(IMF)的《貨幣與金融統計手冊》,中國人民銀行對貨幣金融統計制度進行了修訂,開始按月公布貨幣供應量。

按照中央銀行法規定,中國人民銀行向全國人民代表大會常務委員會提供貨幣政策、金融業運行情況的工作報告,並於每一會計年度結束后的3個月內,編製資產負債表、損益表和相關的財務會計報表,編製年度報告,予以公布。

中國人民銀行自身採取了許多增加貨幣政策透明度的特定辦法,譬如:①經濟金融形勢分析會。從1998年3月開始,中國人民銀行堅持每個月與各家商業銀行一起召開經濟金融形勢分析會,向商業銀行通報全國金融情況,同時預測貨幣政策走勢;各商業銀行介紹各行的情況,同時向中國人民銀行提出貨幣信貸政策要求。②貨幣政策執行報告。從2001年1季度開始,中國人民銀行的貨幣政策分析小組對每季度的貨幣政策執行情況進行研究,並向社會公布《貨幣政策執行報告》,闡明貨幣政策執行情況、下一階段貨幣政策操作意見及前景、貨幣信貸概況、金融市場運行與宏觀經濟運行分析、經濟金融前景預測。③公開市場業務操作公告制度。每週二市場業務操作的中標結果產生后,中國人民銀

---

① 從1999年開始日本銀行基本上實行的是「零利率政策」。2001年,它放棄了幾乎為0的隔夜拆借利率操作目標,轉而採用儲備目標,即中央銀行經常帳戶未清余額。

行通過中央國債登記結算有限責任公司的「中國債券信息網」、全國銀行間同業拆借中心的「中國貨幣網」,同時向社會公開發布,內容包括當日交易品種、期限、招標量、招標利率及中標利率等。
④其他辦法。中國人民銀行的貨幣政策信息披露辦法,還包括發行《中國金融展望》,2001年改為《中國人民銀行年報》;編輯出版《中國人民銀行文告》,對外披露各種政策法規;通過網頁及時傳播各種信息,如行領導講話、報告與統計數據、有關負責人接受媒體採訪的情況、政策調整及相關解釋、貨幣政策委員會季度例會情況、對金融形勢和貨幣供應量、匯率狀況的分析說明等。

第二章

貨幣政策透明度涵義、內容[①]

一般來講，貨幣政策透明度是泛指貨幣政策的公開程度，特別是與中央銀行對決策情況的公布及決策理由的解釋有關。它可以被定義為：中央銀行對其政策制定過程和結果相關信息的披露程度，或者說中央銀行所公開的政策性私人信息對信息不對稱減輕的程度。貨幣政策框架由5個不同類型的變量構成：工具、操作目標、中間目標、指標與最終目標。其中，任何一方面信息不對稱，都反應了透明度的缺乏，這或者是因為中央銀行在經濟「衝擊」性質與政策影響經濟的方式上擁有私人信息；或者中央銀行的目標隨機而不可觀測；也可能是中央銀行對它的目標闡述得不夠清楚；還可能是公眾不能確定中央銀行的偏好，等等。每一種情形下，透明度不足都會妨礙、扭曲私人部門的通貨膨脹預期。透明度越大，信息會越靈通，因此，透明度的增加可以讓中央銀行以外的其他經濟體作出更優良的決策，與此同時還能改善貨幣政策本身的穩定化性質。

第一節　涵義

一、相關文獻

貨幣政策透明度是多方面的，它關係到中央銀行的操作，如

[①] 該章的大部分數學公式引自卡爾·E. 瓦什的《貨幣理論與政策》，中國人民大學出版社，2001年10月第1版。

業務操作方式、對象、往來關係,或者操作程序,即是以利率還是以貨幣供應量作為操作重點;也關係到中央銀行的貨幣政策立場、政策目標;甚至關係到中央銀行的經濟觀點、預測等。

在 IMF「準則」中,透明度指的是一種環境,在這種環境下,有關政策目標及其法律框架、執行機構、經濟背景,以及政策決策和決策邏輯以公眾能夠理解的方式及時公布。因此,「準則」中貨幣政策透明度的做法主要是:①明確中央銀行的作用、責任和目標;②公開中央銀行制定、報告貨幣政策決策的過程;③公眾可在一定時間內獲取有關貨幣金融政策的信息;④中央銀行承擔責任和確保公正。

大多數相關文獻都未給貨幣政策透明度下一個明確的定義,而是隱含地將它與信息對稱或確定性相對應,並在模型中作為私人部門接收到的中央銀行所發送信號中的「噪音」項處理。例如,Geraats(2002)認為,「透明度一種有益的定義是指存在著信息對稱,因此,缺乏透明度,或者說『模糊』就指信息不對稱。這意味著『模糊』產生不確定性」。但是,透明度並非等價於完全確定性或完全信息,就貨幣政策來講,中央銀行與私人部門都可能面臨經濟結構上的不確定性,因此,只要雙方都擁有相同的信息並且相互知道對方擁有同樣的信息,透明度就占優。考察透明度不僅要關注代理人①實際擁有的信息,還應關注他的信息披露行為。公眾為了提取有用的信息,需要對數據進行加工處理。如果數據的可公開獲取狀況沒有足夠的透明度,他們就會受到有限的數據來源限制。若公眾可得到的信息在量上保證了充分,但中央銀行在信息釋放上卻不及時、不精確、粗制濫造,所發送的信號模糊,甚至有意散布誤導性信息,這不僅不能提高透明度,反而增加了不確定性,致使紛繁複雜的信息世界更是雲山霧罩,結果只會讓公眾更加迷惑。

---

① 「代理人」(agent),信息經濟學常常將博弈中擁有私人信息的參與人稱為代理人,不擁有私人信息的參與人稱為 principal,「委託人」。

一般文獻所考察的透明度重點是中央銀行在其偏好、所使用的（經濟）模型、對經濟衝擊的瞭解情況、決策過程以及政策決策的執行等方面的信息公開狀況。例如，Hans Dillen, Johnny Nilsson(1998)認為「透明度」一詞，適用於貨幣政策的各個方面，難以定義，而且，比較私人預期與（明顯或隱含）宣布的主要變量——通貨膨脹、利率、名義匯率的未來路徑，是一個事前計算過程，所以，「總的來說，我們理解透明的政策，是這種公眾能夠監督和推斷中央銀行（特別是現在的）意圖的政策」。由 Faust, Svensson(2001), Jensen(2002), Geraats(2002), Tarkka, Mayes(1999) 等構造的透明度模型都假定存在著中央銀行目標或意圖私人信息，在模型中，或使用貨幣控製誤差信息不對稱，或使用中央銀行預期到並納入政策工具的經濟衝擊信息不對稱。Chortareas, Stasavage, Sterne(2002)則聚焦於中央銀行公布預測報告的細節上，他們認為，「預測報告細節」這一變量是透明度理論模型和相關的政策討論共同關心的內容，而且，公布預測報告也散布了中央銀行在經濟模型、隨機衝擊與偏好等方面的信息。因此，無論透明度的具體定義如何，都意味著貨幣政策某種信息不對稱的存在。

二、狹義、廣義透明度

文獻的標準模型及大量的政策討論，都將透明度基本視同為中央銀行向公眾披露信息的數量和準確度，其中包含了完全理性、有限不確定性、同質信息、共同知識與無摩擦交流這些標準假定。將透明度看作純粹的信息披露是一種狹義的概念，Winkler(2000)立足於貨幣政策交流的角度，提出了廣義的透明度觀，即應按照公開（openness）、清晰（clarity）、誠實（honesty）與共同理解（common understanding）來理解貨幣政策透明度。「公開」指所提供信息的數量和準確性，數量和準確性本身還沒有足夠的透明度。「清晰」指對信息的提示、介紹、解釋及說明的程度。交流成功的關鍵在於能夠真正理解，這就需要對信息進行加工、組織、壓縮、簡化。在信息加工活動中，過濾、消化、吸收信息所付出的成

本和得到的收益應在邊際上達到平衡,只有這樣才能滿足信息使用的效率。清晰度的最優水平因經濟主體和決策問題不同而異。「共同理解」是就信息的發送者與接受者而言的,指雙方在交流過程中對信息編碼、解碼所通用的解釋方法共享的程度,它既是交流成功的一個重要前提條件,又是真正的透明度的最終目的所在。「誠實」指在貨幣政策推理、分析上所使用的內部框架與用作外部交流的公開版本的一致程度。交流的兩面性意味著,一方面信息的接收者和發送者在理解中會出現裂痕,另一方面又為信息的策略性使用(如有目的地扭曲信息編碼)打開了方便之門,所以,對透明度來說,誠實性這一點也極為重要。

交流問題會因信息障礙(如信息加工的無效性、信息傳遞的無效性等)而產生,在貨幣政策博弈模型中,這一點以內含的「共同知識」假定避而不提。「共同知識」假定的效力是有限的,因此廣義透明度概念強調「共同理解」的重要性與人們對享用「共同語言」的需要。中央銀行與公眾雙方所面臨的不確定性有兩類:一類不確定性出自中央銀行的目標,或者它所擁有的經濟狀態數據私人信息;一類是中央銀行與公眾在信息理解上的不確定性,看法不同所引起的不確定性,經濟模型上的不確定性,以及經濟主體的(策略性)行為、反應和預期形成方面的不確定性。所以,需要採取什麼樣的交流或信息披露方法才最能使透明度名副其實的提高,才能為預期提供清晰的指引,或者更恰當地說,才可避免中央銀行的聲明本身不成為另外的不確定性或經濟波動的源泉,就顯得至關重要。中央銀行在信息披露上除了需要保證及時、充分完全外,還要做到準確、簡明易懂、誠實,這些要求對貨幣政策透明度來說也關係重大。

三、貨幣政策信息不對稱源泉

1. 中央銀行的偏好不可觀測

對私人部門來說,貨幣政策信息不對稱主要來自於中央銀行的偏好。首先,中央銀行的偏好反應了它對產出與通貨膨脹的相

對重視程度,是否存在為了短期利益而利用短期菲利普斯曲線效應,即通貨膨脹與失業交替關係的動機。因此從本質上看,透明度是指公眾能夠知道政策目標,貨幣政策的目標、方針應當明確。中央銀行可選擇的政策最終目標有 6 個:高度就業、經濟增長、價格穩定、利率穩定、金融市場穩定與外匯市場穩定(米什金,2001)。相對而言,單一目標比多重目標更清晰;量化目標比定性目標更精確。從短期來看,多重目標之間往往存在著衝突,其重要性一般總是此消彼長,並在很大程度上取決於中央銀行的相機抉擇,這必然給市場帶來不確定性。由於種種原因,根據不同指數測算的物價穩定狀況在任何時間段都可能出現完全不同的趨勢,而目前還沒有哪個指標顯得更為準確,價格穩定與否,一般情況下,只可以模糊感知,因此通貨膨脹數量目標與使用多種物價指數測算、表示的價格穩定目標相比,透明度更高。

其次,中央銀行的偏好也體現在它所採用的短期策略上。短期操作目標的變化折射了短期政策策略。在日常操作中,中央銀行運用、控製工具變量來達到預定的操作目標。政策工具包括:中央銀行借出準備金收取的利率(再貼現率)、法定準備金率、中央銀行自身的資產負債表(即公開市場業務,例如政府證券持有量)。操作目標一般使用:銀行準備金[1]、期限很短的利率,通常是隔夜銀行間利率(如美國的聯邦基金利率);或者貨幣狀況指數[2]。傳統上,有關中央銀行操作程序的分析重點是考察兩個操作目標之間的選擇,即貨幣總量(如基礎貨幣)與短期利率(如銀行同業拆借利率)。單從貨幣政策透明度這一層面來講,由於利率很容易被市場參與者理解,因此短期利率目標滿足透明度要求相對來說比較容易。但是,在使用其他操作目標的情況下,如一些中央

---

[1] 銀行準備金包括總準備金、借入準備金、非借入準備金——總準備金與借入準備金之差。

[2] 貨幣狀況指數指在選定一個基準時期后,國內利率和匯率相對於基期水平的百分點變化的加權平均數,該指數綜合考慮了利率與匯率,是衡量一國貨幣政策松緊程度的指標。

銀行在20世紀80年代早期採取的準備金目標,透明度就比較難以做到,這些目標的變化有時只反應了貨幣政策操作技術的發展,而不是政策立場的改變。

2. 中央銀行佔有信息優勢

經濟狀況決定著貨幣政策的選擇,中央銀行在經濟狀況方面佔有信息優勢。中央銀行的信息優勢來源於其機構的特殊性。作為發行的銀行、政府的銀行、銀行的銀行與管理金融的銀行,它自然知道得更多:首先就其自身未來的政策行動方面,它所面對的不確定性更少;其次它掌握著機密性的銀行監管數據,而宏觀經濟預測非常需要這些數據所包含的信息。此外,中央銀行的信息優勢還在於它在數據的收集、加工、分析和預測上投入了更多的資源。中央銀行的信息優勢體現在它對目前的經濟形勢及其演化方向,如貨幣流通速度、經濟衝擊性質、貨幣傳遞機制、經濟的名義剛性程度等,都知道得更多、瞭解得更清楚。近來的實證研究也表明中央銀行佔有信息優勢,例如 Romer(2000)、Peek、Rosengren、Tootell(1999)從美聯儲的預測分析報告中發現了它相對公眾而言的信息優勢,這種信息優勢對它的貨幣政策操作有所幫助。對商業預測人來說,他一旦截獲了美聯儲的通貨膨脹預測分析報告,一般情況下總是採納而放棄自己的預測分析。投資者在給長期金融工具(債券、股票或衍生金融工具)定價時,需要從長遠的角度瞭解經濟前景與政策走向,只有知道了中央銀行對未來經濟變化的想法,才會提高自己的判斷能力,產生自己的經濟和貨幣政策觀點,作出合理的預期,更準確地預測貨幣政策、利率或金融資產的未來價值。

綜上所述,貨幣政策透明度是一個具有多重涵義的概念,它說明了中央銀行對其貨幣政策目標、政策程序或政策工具等政策面的信息披露狀況。中央銀行在政策操作中要使用一定的政策工具、指標,通過一定的程序來達到既定的政策目標。對政策目標的闡明是透明度制度中最為重要的部分,這種說明有助於識別為達到預定目標而最適宜運用哪些政策工具、指標與程序。目標

不同,需要的政策變量手段也不同,例如如果貨幣政策目標是價格穩定,那麼要求所選擇的政策工具、指標與程序要能夠最大可能地達到這個目標。值得注意的是,國際上通貨膨脹目標制歷程最重要的經驗之一是:與對政策程序的解釋相比,成功的中央銀行將精力更多地放在對政策目標的說明上。當然,披露更多的貨幣政策信息,不僅是政策目標,還有達到這些目標的過程、指標變量、政策決策情況、政策執行程序等,是開放性貨幣政策的必然要求。

第二節 貨幣政策透明度內容的展開分析

一、相關文獻

透明度問題出現於信息不對稱或不完全的情形下,而貨幣政策信息可能在許多方面不對稱、不完全,因此存在各個方面的貨幣政策透明度。現有文獻根據貨幣政策制定過程中關注的不同焦點對貨幣政策透明度進行了不同的分解,如政治透明度、經濟透明度、程序透明度、政策透明度、操作透明度或市場透明度(Geraats,2002);或者政治透明度與經濟透明度(Hughes Hallett,Viegi,2001);或者目標透明度、知識透明度與操作透明度(Hahn,2002)。Walsh(2001)主張著重考察貨幣政策制定和實施中的3個關鍵部分信息——中央銀行的目標、中央銀行對政策措施與經濟之間關係的判斷(即中央銀行所使用的經濟「模型」)、中央銀行的經濟狀況信息。帕特里夏·波拉德(2003)認為貨幣政策透明度包括:①目標透明,要求中央銀行的目標定義明確,並且易於理解;②政策決策透明,要求以明確的方式,將政策決策與其背後的推理過程一併傳達給公眾;③前景展望透明,如公布中央銀行對產出、通貨膨脹和失業率所作的預測。這些信息披露,有助於私人部門推斷未來的貨幣政策動向。

二、內容：目標透明度、知識透明度、決策透明度

一方面，貨幣政策信息不對稱有種種可能，如中央銀行不表明它的目標；公眾不清楚中央銀行的偏好；中央銀行因信息優勢而擁有多種私人信息。另一方面，貨幣政策框架一般由5個要素構成：工具、操作目標、中間目標、指標與最終目標，在缺乏透明度的情形下，它們對貨幣政策的有效性，以及產出、就業、通貨膨脹等實際變量的影響各不相同。所以，劃分貨幣政策透明度，既要遵循習慣上所理解的貨幣政策框架，又要有所側重。結合貨幣政策框架和信息不對稱內容這兩個因素，可以將貨幣政策透明度劃分為三種類型：目標透明度、知識透明度、決策透明度。

1. 目標透明度

政策目標說明了貨幣政策制定者的動機，因此，最常見的透明度概念是與目標相聯繫的。目標透明度，指政策目標明確，它可以通過公布通貨膨脹目標、產出目標或者中央銀行對這些目標的相對重視程度來達到。中央銀行的工作進度規劃中的政策優先考慮事項體現了貨幣政策的真實目標。要做到目標透明，中央銀行的政策偏好必須清晰，引起偏好信息不對稱有兩方面的原因，一是委託—代理問題；一是偏好不可觀測而導致了信息的不完全甄別。如果公眾能夠準確地揣摩到中央銀行的意圖，則貨幣政策在其目標上就是透明的。

政策制定者的偏好決定其政策選擇，而偏好主要體現在對產出目標與通貨膨脹目標的相對重視程度上。中央銀行的目標是在現有的技術、資源及資源最優化配置規律的約束下，使社會效用最大化，如果將它以函數形式表達，則經濟結構和私人部門的行為構成約束條件。目標函數的標準形式包括產出（或者就業）與通貨膨脹兩個變量，在 Barro—Gordon 公式中，中央銀行的目標是使預期效用函數值最大化，其效用函數為：

$$U = \lambda(y - y_n) - 1/2\, \pi^2 \qquad (2 \cdot 1)$$

式中，y：實際總產出；y_n：經濟的自然率產出（或潛在產出）；

π:通貨膨脹率;參數 λ:中央銀行為產出擴張與持久性通貨膨脹設置的相對權重,它反應了政策制定者的偏好。

通常,中央銀行想要增加產出,都是迫於貨幣政策的政治壓力,即執政政客們希望通過經濟擴張來博取再度當選機會;另外,由於稅收、壟斷工會或壟斷競爭而產生的經濟扭曲行為,也可能會使 y_n 處於無效率的低水平。中央銀行希望擴張產出,但是,由於總供給水平是給定的,所以它只能通過引發意外性通貨膨脹來達到這一目的。

關於偏好的另外一個標準規定,是假定中央銀行希望使其預期損失最小。損失函數由產出波動和通貨膨脹波動共同決定,其形式為:

$$V = 1/2\lambda(y - y_n - k)^2 + 1/2\ \pi^2 \qquad (2\cdot 2)$$

式中,k:扭曲項,k > 0。

假定中央銀行希望同時穩定產出與通貨膨脹,將前者維持在 $y_n + k$ 水平附近,后者在 0 水平附近。λ 也可以說是政策選擇變量,它表示了政策制定者分配給通貨膨脹穩定與產出穩定的相對權數。

假定經濟整體(總產出)由盧卡斯總供給函數給定,其形式為:

$$y = y_n + a(\pi - \pi^e) + e \qquad (2\cdot 3)$$

式中,a:意外貨幣的產出效應,即可以從意外通貨膨脹中獲得的額外產出;π^e:私人部門的通貨膨脹預期;e:供給衝擊。名義工資在期初確定,如果通貨膨脹實際水平超出了預期率,實際工資就會降低,廠商將增加雇傭人數;反之,廠商的雇傭人數將減少。

除了前面已經提到的通貨膨脹動機外,意外性通貨膨脹還可能來自於政府追求鑄幣稅這種願望。對政府來說,意外性通貨膨脹可以同時降低各種有息的和無息的政府債務價值,與可預見的通貨膨脹相比,它能夠產生更大的收益(后者只侵蝕不帶息債務的價值)。

目標透明度可以減弱中央銀行捲入過度擴張政策的激勵。由上面3個式子可以推知:中央銀行的目標由意外通貨膨脹與實際通貨膨脹兩個因素共同決定。從意圖方面來說,如果政策目標傾向於隨時改變,公眾自然會關心透明度問題。透明度影響目標函數的參數分佈,在透明狀態下,即使參數是隨機的,但公眾知道其數值,而在隱密狀態下,公眾只知道參數的先前分佈狀況。政策意圖越透明,公眾預測未來的政策行動和經濟演進情況就越準確。如果中央銀行的就業或增長目標過於宏大,或者中央銀行服從幕后的就業擴張政治壓力,公眾都會預期通貨膨脹將上升,即 π^e 上漲,而意外通貨膨脹($\pi - \pi^e$)及實際通貨膨脹 π 的變化取決於中央銀行的反應,對它來說,要麼被迫接受更高水平的通貨膨脹,要麼是經濟減速、失業增加。所以,如果中央銀行改變目標,試圖執行過度擴張政策,在政策框架透明的情形下,公眾會迅速知情,相應地,通貨膨脹預期就會急遽上升,由於中央銀行降低通貨膨脹預期要支付成本,因此不敢貿然嘗試。下面作具體分析:

(1)通貨膨脹目標透明度。假定產出目標相對穩定,即目標函數中各個產出偏差[①]參數非隨機且標準化為1。通貨膨脹目標透明度增加,表示通貨膨脹目標重要性的參數的方差減少,其均值不變,即透明度越大,參數方差越小。目標透明度影響中央銀行平均的保守度,保守度可以用通貨膨脹參數/(通貨膨脹參數+各個產出偏差參數)的比值度量,比值越大,保守度越大,相反,比值越小,保守度越小。保守度反應了中央銀行對通貨膨脹的相對重視程度(與產出相比),隨著保守值的增大,它對通貨膨脹的重視程度提高。通貨膨脹目標透明度發生變化,產出和就業的平均水平不會改變,但中央銀行的偏好不確定性增加會加大公眾的通貨膨脹預測誤差,從而引發產出的波動(產出水平由意外性通貨膨脹決定),而且目標隱密性總是使偏好更加易變,即偏好參數 λ 的方差增大,因此,預測誤差會增加,繼而造成通貨膨脹率的波動變大。

[①] 產出偏差,指產出實際水平與其目標水平之差。

(2)產出目標透明度。在菲利普斯曲線中,產出取決於實際通貨膨脹與預期通貨膨脹之差,即意外性通貨膨脹。隱密性降低了通貨膨脹預期的準確性,從而造成產出水平在各個時間段參差不齊。在隱密狀態下,中央銀行的偏好不可觀測,因此,公眾的通貨膨脹預期不受中央銀行的產出穩定偏好影響,即獨立於中央銀行的偏好而始終處於中間水平,加之中央銀行損失函數呈凸狀分佈,這樣中央銀行產出偏好的大部分實現值都對應著比較適度的通貨膨脹率,過高的通貨膨脹率不會出現,隱密性減少了通貨膨脹偏離目標的平均損失。所以,在通貨膨脹目標不變,而產出目標隨機且透明的狀態下,目標透明度一方面增大實際通貨膨脹與其目標之間的偏差,另一方面卻減輕了產出波動。如果社會看重產出的穩定,目標透明度就是合意的,但如果社會強烈期望低的通貨膨脹,則目標隱密性是有利的。

中央銀行除了可能掩藏它對產出與通貨膨脹的相對重視度信息外,還存在另外的偏好信息不對稱。一種觀點由 Cukierman(2002)提出,如果中央銀行對產出的關心具有不對稱性,即對增長與衰退的重視度不同,就有動機模糊自身的偏好。與產出正向偏離其潛在水平相比,中央銀行更敏感產出的負向偏離,也就是說,它更擔心經濟出現衰退,因而產生通貨膨脹傾向,在政策操作上會悄悄採取一些不易察覺的預防性擴張措施。另一種觀點來自 Ruge-Murcia(2001),中央銀行的不對稱偏好也可能出現在通貨膨脹上,實行通貨膨脹目標制的中央銀行會更擔憂通貨膨脹目標的超調(overshooting),因此具有通貨緊縮傾向,平均通貨膨脹將有規則地分佈在所公布的目標水平以下;Mahadeva, Sterne(2001)構建了一個簡單的內生通貨膨脹目標模型,通過實證分析發現:目標偏離對通貨膨脹目標矯正的影響是不對稱的。上述兩種情況下,中央銀行都有積極性隱藏自身的不對稱偏好,但是,無論是通貨膨脹還是通貨緊縮都會造成社會福利的淨損失。

(3)目標透明度影響貨幣政策與財政政策之間的交互作用。如果貨幣財政政策之間進行的是靜態博弈,假定中央銀行與政府

各自同時決定通貨膨脹與預算赤字;私人部門具有理性預期;財政赤字 f 具有正的產出效應,則 (2·3) 式變為 $y = y_n + a(\pi - \pi^e) + f + e$。預算失衡不合意,因此財政貨幣政策的目標函數是 $V^f = V + 1/2\ f^2$,式中 V 由 (2·2) 式決定。在面對供給衝擊時,如果中央銀行的偏好參數 λ 缺乏透明度,財政當局將根據它所預期的貨幣政策反應來採取相應的對策,反過來貨幣政策決策也會納入財政政策因素。因此,它們的交互作用,會給供給衝擊的穩定化帶來不確定性。此外,若財政政策是內生的,並且政府的產出偏好通過民主決定,結果會是政府的左翼傾向更大,更不關心通貨膨脹的穩定。

　　政策偏好缺乏透明度,會給政策制定者製造邊緣地帶 (at the margin)。他們可以讓一些目標交替達不到,以便改進其他的目標,而且為了降低私人部門的通貨膨脹預期,好更容易操縱通貨膨脹,他們還會產生誤傳政策偏好的激勵,以便巧妙炒作其聲譽。但是中央銀行這樣做,不僅加大了它與其他政策制定者之間的衝突,而且由於目標透明度不足是以倍增的方式參與最佳決策規則,私人部門不能從它的決策中推斷出它的真實偏好,因此不能將這種偏好不確定性從眾多的其他不確定性或外生性因素中剝離出來,結果導致經濟在整體上更加不穩定。

　　(4) 目標透明度影響工會的工資調整行為。中央銀行與工會的策略相互影響,工會鎖定名義工資后,中央銀行決定通貨膨脹。一般情況下,與就業目標相比,中央銀行對通貨膨脹的關心度不僅隨機,而且不讓公眾知道。在偏好不確定的情況下,如果實際上中央銀行的通貨膨脹立場很強硬,對工會來說,高工資很可能導致高失業,所以,當它不確定中央銀行的偏好時,由於擔心失業增加 (即風險厭惡),它在工資調整上就不願過激。因此,通貨膨脹參數信息披露得越少,工會的工資調整就越謹慎,失業和通貨膨脹也越低。

　　貨幣政策在長期是不能影響實際變量的,因此強調目標透明度。貨幣政策中性思想在大蕭條 (the Great Depression) 以前流

行,並以貨幣數量論為載體。凱恩斯革命后,這種思想經歷了長時間的淡化,隨后,大量的理論與實證漸漸地又再次湧現,表明即使通貨膨脹並非時時、處處屬於貨幣現象,它也是中央銀行在長期唯一能控製的變量。貨幣政策中性思想的現代版本體現在自然率假說中,自然率假說宣稱長期菲利普斯曲線是垂直的,而在「短期」,實際產出(或就業)與通貨膨脹之間存在交替關係,政策制定者可以利用這種交替關係,但要降低通貨膨脹只能以將產出削減到自然率以下為代價。因此,貨幣政策極為重要的透明度內容是長期通貨膨脹目標。中央銀行目標函數中的產出項與通貨膨脹項這些偏好參數,說明了中央銀行的「保守」程度,即對通貨膨脹的重視程度。對私人部門來說,清除了通貨膨脹目標上的模糊,長期資產的通貨膨脹風險貼水將減少。

實踐中,許多中央銀行採取積極措施,闡明它們的目標,有些還指定長期目標。實行明確的目標,特別是通貨膨脹目標①,日益成為普遍趨勢,這種目標採用點的形式或一般為兩個百分點的範圍。中央銀行往往很強調通貨膨脹目標,其他方面的偏好,如相對偏好權數或產出目標,幾乎不予提到。例如,英格蘭銀行、新西蘭儲備銀行,由於其歷史上的通貨膨脹業績差,享受不到低通貨膨脹記錄帶來的好處,繼而採取了被公認為是世界上最透明的貨幣政策框架,不僅指定通貨膨脹目標,還對外公開。但也有一些中央銀行例外,如美聯儲不指明貨幣政策目標,它的 3 個目標:充分就業、價格穩定和適度的長期利率,既無明確定義,也無先后順序之分②;德國銀行被認為是很不透明的(至少在形式上),然而它卻是一家十分成功的中央銀行,它的價格穩定承諾的可信度很

---

① 在反通貨膨脹時期,通貨膨脹目標一般指的是根據通貨膨脹結果來調整的中期目標。

② 美聯儲的貨幣政策沒有指定清晰的目標,Greenspan(2002)的解釋是,難以明白地表達一個穩定的一般價格水平概念,而且也無一個統一的價格穩定測量指標,各個指標所發出的信號有時會相互衝突,一個具體的量化通貨膨脹目標所代表的精確性也許會令人產生錯覺,他給價格穩定下了一個操作性定義,主張「經濟參與者在進行經濟決策時不再考慮一般價格水平變化時,就實現了價格穩定」。

高,由此看來,可信度高的中央銀行有足夠的聲譽支撐它的操作隱密性,而可信度低的中央銀行最好採取透明的做法。

2. 知識透明度

經濟信息在貨幣政策制定中發揮重要作用。知識透明度,指中央銀行所佔有的經濟狀況信息的公開,主要包括對經濟衝擊性質、經濟數據、中央銀行使用的經濟模型、貨幣流通速度和中央銀行的預測分析等經濟知識進行的信息披露。

通常,公眾都能知道中央銀行的目標,這些目標一般在中央銀行章程或中央銀行法上有所規定(如新西蘭、歐盟、日本),或者政府公開為中央銀行制定了政策目標(如英國),但只是目標透明度還不夠。中央銀行的信息優勢還表現在它對經濟狀況的知情程度和知情時間上。例如,中央銀行用以評價不同政策的經濟模型,就折射了它認為貨幣政策與經濟活動之間最重要的聯繫紐帶是貨幣供應量、利率,還是信貸。若主要的聯繫紐帶是利率,公眾還需明白,中央銀行應減息多少才能抵消計劃的1個百分點失業率,或者為達到目標,它可能會改變利率50個基本點還是150個基本點等諸如此類的問題。

知識透明度的積極作用不局限於時間不一致或通貨膨脹傾向問題。例如,中央銀行在借助利率調整來對付經濟干擾時,透明度能給予它更大的靈活性。從直觀上講,貨幣政策工具既是穩定化政策手段,又是引導私人部門預期的工具,如果中央銀行不具有通貨膨脹傾向,即目標函數(2·2)中 $\kappa=0$,它的產出目標與自然率相等,在透明狀態下,私人部門不會產生不良預期,中央銀行可以放手操作;而在隱密狀態下,為穩定經濟而進行的利率調整會導致通貨膨脹預期不合意的移動,因此中央銀行最好是讓利率平滑運行,不對其預料的需求衝擊作充分的抵消。

知識透明度的合意性,取決於經濟結構,也敏感於制度安排。一般來講,在貨幣政策操作上有兩種制度安排:貨幣政策由政府操作,政府具有政治動機,即目標函數(2·2)中的 $\kappa>0$;或者政府將貨幣政策操作權授予獨立的、負責的中央銀行,即 $\kappa=0$。在

上述兩種情形下,透明度都是有利的。但是,如果貨幣政策由保守的、易受政治干預的中央銀行操作,知識透明度就不合意,因為對政府來說,κ>0,它視貨幣供應量為中央銀行的意圖信號,在Lohmann(1992)的「跨越」理論中,一旦保守的中央銀行過於縮手縮腳(contractionary),雖然跨越要支付成本,政府還是寧願自己介入貨幣政策決策。相反,如果知識透明度不足,信號會是雜亂的,政府因而會持風險厭惡態度,干預相應減少,這樣隱密性減輕了政治偏好所引致的通貨膨脹傾向,也保護了中央銀行,使其免於政府的干預,因而產生了更大的、更有效的獨立性。

如果通貨膨脹預期調整是貨幣政策的傳遞渠道,知識透明度也會減輕通貨膨脹傾向。政策承諾並不足以清除相機貨幣政策的通貨膨脹傾向。雖然中央銀行對政策行動作了承諾,但在隱密條件下,它仍然擁有運用意外性通貨膨脹的餘地,因此通貨膨脹傾向並不會消失,這方面的理論證明可以見諸經濟信息不對稱下的貨幣政策規則分析。例如,Canzoneri(1985)認為中央銀行擁有不可證實的貨幣市場干擾私人信息,因此提議實行貨幣供應的靈活目標設定規則;Garfinkel,Oh(1993)運用類似模型發現,貨幣預測的公布存在噪音時,能夠影響通貨膨脹預期,與只是一個固定貨幣規則相比,它可以提供更大的靈活性;而Athey,Atkeson,Kehoe(2001)提供的模型,最佳貨幣政策規則沒有融合中央銀行的私人信息。這裡,私人信息是指隨機的社會最優通貨膨脹率。

(1)經濟模型。要在經濟模型上實現透明度絕非易事,因為貨幣政策如何傳遞到實體經濟根本不清楚,目前經濟理論已識別了幾種不同的傳遞渠道,如利率渠道、資產渠道、匯率渠道和信貸渠道,但要實證這些關係的難度特大。不僅中央銀行外部,就是中央銀行自身所掌握的有關貨幣傳遞機制或者說貨幣政策效應方面的知識也不夠,因此,這不僅是一個信息不對稱問題,也是一個信息不足的問題。這方面的知識限制反過來會抑制全面(總體)透明度的創造,如影響到對通貨膨脹的預測、對貨幣增長趨勢的說明等。當今,在貨幣傳遞機制上,相當肯定的真知灼見有:貨

幣政策僅僅在短期對實際變量具有擴張效應,至於長期效應,即其效應持續到所有的調整步入正軌后,它只影響價格總水平,換句話說,在長期,貨幣存量的相應擴張只引來通貨膨脹。現在,中央銀行一般都事先向社會公布各個層次的貨幣供應量增長率參考值,如果實際貨幣增長偏離了參考值,再作詳盡的解釋。實踐中,就是最透明的中央銀行所使用的經濟模型也很不透明,Walsh(2001)指出,這是因為,經濟學供給方即經濟學者自身都不確定真實的經濟模型,作為經濟學消費者的中央銀行,一般被迫使用幾個不同的經濟模型來評價政策,利用這些相異的模型怎樣整合成具體的政策建議屬於貨幣政策的「藝術」部分,要將與此相關的信息傳遞給公眾相當棘手。

(2)經濟數據。從原則上來看,許多有助於貨幣政策決策的數據是在中央銀行外部編製的,因此數據透明度看似不言而喻,但實際上,中央銀行有可能在經濟數據廣泛傳播之前就掌握了初步信息。例如,如果新數據顯示了經濟減速,中央銀行有可能減息,但是,若公眾尚未獲悉這些數據,就可能不明白,中央銀行減息是計劃抵消可能到來的衰退還是希望對經濟進行擴張。於是減息政策就會冒通貨膨脹上升的風險。要達到透明度,中央銀行不能只簡單地公布些「光數字」數據,還需要解釋、評論這些數字所蘊涵的經濟意義。

(3)預測。除了當前經濟形勢的有關分析外,預測也在貨幣政策中發揮關鍵性作用。預測包含了中央銀行偏好、經濟衝擊性質、主要宏觀經濟變量的可能走勢等豐富信息。因此,中央銀行對外公開它的經濟預測是清除信息不對稱的一大手段。Tarkka,Mayes(1999)著重考察了公眾的通貨膨脹預期和中央銀行對這一預期水平的評估這兩方面信息都不確定的情形。公眾既不確定中央銀行的偏好,也不知道中央銀行對他們的通貨膨脹預期的評估情況,也就是說,中央銀行的通貨膨脹目標與公眾的通貨膨脹預期都屬於私人信息。在中央銀行關於公眾通貨膨脹預期的評估信息不對稱的條件下,中央銀行公布它的相關預測分析,正好

可以清除這些不確定性，所以，通貨膨脹與產出的無條件預測的公布，可以傳遞中央銀行的通貨膨脹目標及其對私人部門預期評估這兩方面的信息。

預測本質上是屬於前瞻性的。由於貨幣政策與其價格效應之間存在著較長的時滯，因此中央銀行不得不考慮一些未來因素。與其他經濟主體相比，中央銀行對經濟形勢知道得更多，這種信息優勢集中體現在它所作的預測之中。例如，Joutz, Stekler (2000)論證了美聯儲與商業性預測機構相比，它對許多變量在一系列不同時段內的走勢所作的預測更為準確；Romer (2000)發現美聯儲的預測包含了商業性預測所沒有的另外的信息。他們的研究表明，中央銀行的信息優勢是如此之大，如果商業性預測機構可以選擇的話，它們會放棄自己的預測，寧願採用美聯儲的。

但預測本身具有缺陷。由於沒有普遍適用的最佳預測方法，預測不可能完全歸納了與貨幣政策決策有關的全部信息。用作預測的宏觀經濟計量模型不僅包含了大量的自由度，還必須對有關的外生變量作出假設；此外，宏觀經濟計量模型不能充分捕捉到結構性變化因素，結構發生了變化，私人部門的資產組合決策行為會隨之改變，因此，決策和聲明單純依據使用歷史數據進行的經濟計量評估，是不充分的，甚至是錯誤的。例如，通貨膨脹預測包含了利率假設，這些公布通貨膨脹預測的中央銀行如英格蘭銀行，一般是假定短期利率不變，如果所公布的預測偏離了實際或標準的通貨膨脹率，追求通貨膨脹目標的中央銀行實際上應該提高短期利率，但若私人部門依據預測公布情況作了預期，這個通貨膨脹預期值會太高，所以這種預測公布發送了不合適的信號，透明度將適得其反。

預測的另一個缺點是它具有某種程度的主觀性。中央銀行內外製作的預測是相互競爭的，雖然民間預測會考慮「官方」預測，但公眾怎麼能判斷這些不同的見解及各自的優缺點，怎麼能評價各個專家就假定的恰當性和預測方法的優越性的專業討論。如果通貨膨脹預測「正確」與否的意見不一致，公眾會難以評判中

央銀行所執行的政策。

也有一些理論分析表明預測透明度存在負面影響。Gersbach（1998），Cuckierman（2001）發現,當中央銀行的偏好信息完全,且沒有通貨膨脹傾向,經濟衝擊僅限於供給衝擊,如果預測信息公開,私人部門在形成預期之前就會知道供給衝擊情況,他們必然在預期中考慮這些信息並加以整合,這樣 $\pi^e = \pi$,若經濟結構屬於 Lucas 意外型傳遞機制（見 2·3 式）,要通過貨幣政策穩定產出,就不再有可能,這也是一種社會福利損失。除了中央銀行的產出穩定能力喪失外,實際通貨膨脹還會因私人部門的通貨膨脹預期的波動而更加變化莫測,產出波動和通貨膨脹波動同時加劇,社會福利進一步減少。在傳統的新凱恩斯主義實際利率傳遞機制中,中央銀行制定的名義利率影響產出,間接影響通貨膨脹,中央銀行公布預測分析,雖不影響產出和通貨膨脹的易變性,卻加大了利率的波動。因此,預測透明度的合意性可能取決於貨幣政策的傳遞機制,以及模型中社會福利函數的類型設計。

（4）貨幣流通速度。對中央銀行來說,它不能直接控製通貨膨脹,而是運用政策工具,如貨幣供應量增長率,對通貨膨脹施加間接影響；而公眾在形成預期時,由於貨幣政策的傳遞滯后,他們尚不知道實際通貨膨脹值,不能運用現在的通貨膨脹結果,而只能通過觀察政策工具來形成未來的通貨膨脹預期。貨幣流通速度對經濟的衝擊獨立於供給衝擊和中央銀行的通貨膨脹目標,如果公眾不清楚中央銀行的通貨膨脹目標,但知道流通速度干擾,就能夠從政策工具中推斷出通貨膨脹目標。但是在隱密狀態下,由於公眾觀測不到貨幣流通速度這一經濟衝擊來源,而中央銀行又必須採取應對措施,結果,他們的通貨膨脹預期對政策工具的反應微弱,相應地,中央銀行也就沒有積極性進行聲譽投資。所以,缺少這類知識透明度會招致中央銀行更大的通貨膨脹傾向。

對貨幣供應量政策工具而言,披露流通速度就足夠了,而供給衝擊的披露與否是不重要的。當中央銀行以名義利率作為政策工具時,由於利率對總需求變化和總供給變化都會作出反應,

因此要達到透明度,就需要對二者都予以披露,披露的內容既包括中央銀行的產出預測分析,也包括它的通貨膨脹預測分析。

知識透明度雖然存在消極作用,特別是在盧卡斯或新凱恩斯主義傳遞機制,以及缺乏中央銀行獨立性的情況下,但它的積極效應,如通貨膨脹傾向更低、穩定化政策靈活性更大,占據優勢地位。知識透明度的收益,主要是通過有條件地公布中央銀行的通貨膨脹與產出預測分析來獲得。

大多數透明度模型都假設透明度制度是外生的。實際上,由於中央銀行對制度的選擇可以傳遞它的類型信號,弱型中央銀行具有通貨膨脹偏好,不願意採取揭示它意圖的透明度制度,因此市場會理性地通過高水平的通貨膨脹預期懲罰不透明的中央銀行,這種反饋產生了很強的激勵,以至於每家中央銀行都選擇了透明度,所以透明度制度也具有一定的內生性。實踐中,知識透明度差別很大。大多數與貨幣政策相關的經濟數據是可以公開獲取的,然而經濟模型的公開卻較為罕見,即中央銀行通過公布政策分析模型來顯示它們對經濟結構的知情程度是很少的,即便公開這些,中央銀行一般也只是出示一個結構性的宏觀經濟模型,這個模型並未覆蓋它們的分析廣度。另一方面,公布前瞻性分析的做法卻頗為盛行。現在,所有主要的中央銀行,都對外發表它們對通貨膨脹、產出,以及其他變量的預測分析,最突出的是英格蘭銀行,它不僅提供生動的預測分析扇形圖,還標明附加於預測中的風險。

3. 決策透明度

決策透明度,指宣告貨幣政策決策情況及貨幣政策措施的貫徹執行情況,包括決策過程、思路、結果等的公開。例如,說明貨幣政策決策方式,揭示貨幣政策策略,公開政策評議記錄(政策評議記錄一般使用會議紀要或投票記錄形式);及時宣布、解釋政策決策結果;以政策意向的形式明示未來可能的政策行動;討論有關操作目標完成上的控製誤差,以及未預料到的影響貨幣政策傳遞的宏觀經濟干擾因素,等等。

貨幣政策決策機構的決策有多方面的內容,其中最主要的決策針對的是短期利率目標、貨幣增長目標和外匯市場干預。發表這些決策情況的相關聲明,對公眾來說,不但減少了信息搜尋成本,還改善了信息組合,減少了這些變量的預測誤差,從而提高了決策質量。

　　中央銀行的政策決策可以用反應函數來表示。用線形目標函數模型(2・1)與總供給函數(2・3)可以推導出中央銀行的反應函數之一,即最優貨幣增長的條件式為:

$$\Delta m = \alpha \lambda > 0 \qquad (2 \cdot 4)$$

　　式中,Δm:貨幣供給增長率,假定它是中央銀行使用的政策工具。

　　私人部門是理性經濟人,他們知道中央銀行面對的激勵,會使用(2・4)式形成他們的通貨膨脹預期,假定私人部門是在觀測到貨幣流通速度衝擊 υ 之前形成預期,因此 $\pi^e = E[\Delta m] = \alpha\lambda$,實際通貨膨脹水平將等於 $\alpha\lambda + \upsilon$。

　　若中央銀行在設定 Δm 時對政策進行相機操作,則會產生一個均衡的正的平均通貨膨脹率,即 $\alpha\lambda$。由於私人部門可以完全預測到這個通貨膨脹比率,因此通貨膨脹對產出沒有影響,即產出水平由 $y = y_n + \alpha\upsilon + e$ 給定,而整個經濟卻在毫無收益的情況下承擔正的平均通貨膨脹。這種偏差的大小隨意外性貨幣的產出效應 α 的增大而增大,α 決定意外通貨膨脹的邊際收益,值越大,中央銀行啟動通貨膨脹的動機就越強。此外,通貨膨脹傾向也會隨中央銀行設置在產出目標上的權重 λ 的增大而提高,因為,λ 的值大,意味著與實現通貨膨脹目標相比,從經濟擴張中獲得的收益更大,中央銀行啟動通貨膨脹的動機就要強一些。

　　中央銀行在進行政策決策時要比較通貨膨脹的成本與收益。在零通貨膨脹率上,啟動一點通貨膨脹的邊際收益為正,因為在工資已確定的條件下,通貨膨脹增量對產出的效應是 $\alpha > 0$,此時的產出收益為 $\alpha\lambda$;通貨膨脹的邊際成本等於 π,在通貨膨脹率為 0 時,其邊際成本為 0,這樣通貨膨脹的邊際收益大於邊際成本。

邊際成本隨通貨膨脹水平的提高而增加,在預期通貨膨脹率為$\alpha\lambda$時,通貨膨脹的邊際成本等於邊際收益。

中央銀行反應函數的另一種形式是從它的損失函數中推導出的,即:

$$\Delta m = [\alpha^2\lambda\pi^e + \alpha\lambda(k-e)]/(1+\alpha^2\lambda) \qquad (2\cdot 5)$$

由於中央銀行的損失函數包含產出方差,所以(2·2)也暗示了穩定化政策的作用,即中央銀行要關注產出的波動,這意味著貨幣政策要減少供給衝擊 e 所引起的產出波動。中央銀行希望將產出維持在目標水平附近,這要求產出的變化達到最小化,因此會根據供給衝擊的實現情況來制定政策,即以某種非持久性通貨膨脹來換取產出的穩定。如果忽略隨機干擾 e 和 υ,當中央銀行相機採取行動時,均衡意味著一個正的平均通貨膨脹率$\alpha\lambda k$。這種通貨膨脹傾向的程度,隨扭曲項 k、意外性貨幣的產出效應α,以及中央銀行置於產出目標上的權重λ的增加而提高。(2·5)式表明,中央銀行最優的通貨膨脹率是公眾預期通貨膨脹率的函數,預期通貨膨脹率升高,要求中央銀行等量提高實際通貨膨脹水平以實現相同的產出效應,但這種做法會抬升通貨膨脹的相關成本,因此中央銀行最好是使π的增量小於π^e的增量;如果$\pi^e=0$,則中央銀行的最優政策就是確定一個正的通貨膨脹率。

事實上,中央銀行對目標的聲明,特別是有關各個目標相對重要性的聲明,是不可證實的。因此,如果存在時間不一致性問題,中央銀行就會有激勵誤傳自己的偏好。決策透明度,如會議記錄、投票記錄的公開,可以讓公眾隨時獲悉政策制定者的偏好。

(1)投票記錄。中央銀行的決策一般由政策委員會制定,個人投票記錄的公開可以改變聲譽營造上的激勵。膨脹性政策會給中央銀行帶來巨大的聲譽損失,為了減輕時間不一致性問題,它可以經由營造維持低通貨膨脹的聲譽來穩定私人部門的通貨膨脹預期。Sibert(1999)提供了一個中央銀行官員迭代模型。每一屆任期,委員會由年老的和年輕的兩類官員組成,官員既可能是「鷹」類,也可能是「鴿」類,他們的類型屬於私人信息;與「鴿」

類相比,「鷹」類厭惡意外性通貨膨脹;在任職末期,無論投票記錄公開與否,「鴿」類官員總會選擇高通貨膨脹率。不過對「鴿」類官員來說,為了獲取更多的好處,即降低末期的通貨膨脹預期以增加末期的產出,他們在任職的初期會投票支持低通貨膨脹,表現得如同「鷹」類。在具備透明度的條件下,公眾更容易判斷年輕的中央銀行官員的投票情況,「鴿」類投票支持低通貨膨脹政策的激勵也就更大;而在隱蔽條件下,年輕的官員有機會將支持膨脹性政策的投票行為歸咎於年老的官員,因此,他面臨的激勵更小。所以,透明度增強了「鴿」類在任職初期投票支持低通貨膨脹的激勵,產生了更低的通貨膨脹傾向。

投票透明度可以透露貨幣政策決策機構意見不一致的程度,從而影響公眾的通貨膨脹預期。對公眾來說,他們可以從意見分歧中瞭解:①如果意見差異程度暗示了決策人預期的經濟不確定性大小,就可以從投票記錄中獲悉一些經濟風險。②若某一項建議過半數的通過率很低,則大量的(相對而言)少數人所讚成的政策有可能在下次政策會議中被採納。例如,大量的少數人讚成減息,但多數人希望在當前保持利率不變,則在不久的將來,減息的可能性會超過提息。所以,公布投票記錄可以告訴公眾貨幣政策的未來走向,從而增強貨幣政策的可預測性。

個人投票情況的公開會影響中央銀行官員的投票行為。如果責任、能力與再次當選機會相結合,投票透明度會對中央銀行官員的重新任命產生重大衝擊。在隱密狀態下,中央銀行官員會為了連任,或者能對將來的貨幣政策施加影響而進行策略性投票,這可以通過一個兩期貨幣政策博弈模型來加以說明。在第一期,政府一次性選出中央銀行官員,這些官員從當選中得到實質性好處,他們的政策偏好已知,但他們的經濟知識或能力屬於私人信息。個人投票記錄的保密阻礙了在重新選舉時對中央銀行官員技能的評估,因此在第二期產生不利影響;另一方面,透明度在第一期製造了策略性的激勵效應。由於自動棄權會暴露中央銀行官員的不稱職,所以不勝任的官員會在投票中拒絕自動棄

權,相反,會通過隨機投票擾亂選舉決定,以便最大化他們的再次當選機會;或者為了表現得有能力,能力弱的盡力模仿能力強的,這樣做,導致了整個社會的無效率,產生有益的貨幣政策的概率降低。

如果中央銀行的偏好存在著不可觀測的異質性(heterogeneity),並且再次當選帶來的私人好處非常小,投票透明度是有益的。由於從再次當選中得到的私人好處非常小,所以具有個人特殊偏好的中央銀行官員便沒有動力表現符合社會願望的行為,策略性投票方式失去誘惑力。所謂策略性投票,是在第一期犧牲一票,以便可能在第二期得到一票(在重新選舉中投票秘密進行的情況下)。如果投票是誠實的,保障在第一期得到一票(而同時可能在第二期也得到一票)的投票方式就將占據上風,這樣,策略性投票方式就處於劣勢,投票透明度於是失去激勵效應。如果從再次當選中得到的私人好處可觀,則在第一期一般都會採取策略性投票,因此,就激勵效應來看,投票信息透明與否無關緊要,但在透明狀態下,政府能夠重新任命那些具有令社會滿意的偏好的人選。

實際上,有關中央銀行官員的特徵信息不對稱既涉及他們的能力,也關係到他們的偏好。投票透明度是否產生負效應關鍵取決於投票棄權的可能性。對中央銀行官員的投票行為假設是否合理還在爭論中,如果決策是通過「一致意見」形成的,投票棄權的觀點似乎更合理,這暗示著由「一致意見」制定決策的方式可能比較適合不公布投票記錄的公開投票。但可以肯定的是,如果通過能再次當選來實現責任機制,個人投票記錄的披露是合意的。除了能夠實現責任制外,投票透明度還可以產生其他積極作用,例如,公布投票記錄會促使中央銀行官員更加努力地工作,便於暴露不合意的政治壓力等。若決策人識別經濟衝擊的能力有差異,能力是內生的,並且付出努力的程度可以說明能力的強弱,在透明的條件下個人能力更容易為公眾評估。因此,透明度增強了在工作努力上投資的激勵,提高了中央銀行官員的能力。相反,

隱密狀況卻導致了中央銀行官員坐享其成，在龐大的政策委員會中，這種現象尤其嚴重。雖然能力不是很強，中央銀行官員也會因政治原因而被任命。政客可能會提名自己的友人或同一政派的成員，但如果個人能力可以評估，政客也不希望被察覺僅看個人關係來舉薦中央銀行官員候選人，能力弱的人獲任的現象就更少發生。或者說一個人想要避免被發現能力弱的難堪，就不會去爭取一個政策委員席位。

最近幾年，眾多有影響的中央銀行，如美聯儲、日本銀行和英格蘭銀行等都在政策會議召開幾周後公布投票記錄，提供個人投票情況的一些細節，因此，中央銀行決策透明度傳統的保留做法在不斷減少。ECB 卻是例外，但反對 ECB 做法的大有人在。例如，Buiter(1999)認為，不管官方公布投票記錄與否，消息都不可避免地會走漏，所屬國的政治當局都將知道本國中央銀行行長的投票情況，如果投票記錄不公布，所屬國政治當局施加的政治壓力會更大；Cukierman(2001)指出，公布投票記錄未必引致成員根據國家利益投票，相反，各個委員不希望被認為是追求國家導向的貨幣政策，因此，公布投票記錄是否產生更「歐洲化」的投票行為，將取決於他們希望卸任後是在歐洲機構還是在國家機構謀職。對 ECB 執行委員會的 6 個成員來說，他們同時也是管理委員會成員，由於不對任何國家機構負責，而且其任期不能重複，所以更不可能遭受來自所屬國的重大政治壓力；而管理委員會中的 12 個國家的中央銀行行長，情況就不一樣，他們的任期至少必須是 5 年，並且一般情況下不能被免職。在透明的狀態下，如果各個國家的經濟狀況和貨幣政策偏好相差太大，中央銀行行長們可能面臨國家壓力，特別是在任期末，他們會想方設法滿足本國當局的願望，以便再次獲任，或者得到其他有權威的職位。Meade，Sheets(2002)的分析顯示，美聯儲 FOMC 成員的投票行為有地域化傾向，而且沒有明確地域身分的儲備銀行行長，其投票行為的地域化傾向更強，這種行為特徵與 ECB 執行委員會成員相符。

（2）會議記錄。會議記錄主要提供貨幣政策評議信息，如政

策制定者間討論的性質,或者策略性因素信息(中央銀行的國際政策協調程度,或它對與工會和財政政策策略上相互影響的考慮程度)等。在政策會議上,委員們就經濟形勢、前景和政策意向等各抒己見,這些觀點被整合成一致的政策決策,所以公開會議記錄,可以向公眾揭示背后的政策思路,有利於他們對經濟走勢、政策方向形成自己的判斷,從而作出更準確的預期。同時,披露政策評議信息,也便於對委員個人提出的政策建議的合理性進行公開討論,對其有效性進行事后評價。此外,公布會議記錄,還能夠推動決策者與外界,如中央銀行外部的經濟學者之間的交流,這有助於提高政策決策質量。

實踐中,很少有中央銀行將體現評議信息的會議記錄或投票記錄公開,甚至採納通貨膨脹目標制的國家在這一點上也常常是不透明的。即使公布,一般也是以紀要形式,傾向於不完全照字面、不指名道姓地提供一些政策評議過程中有爭議的問題,例如日本銀行的會議紀要展示參加貨幣政策會議的政府代表的意見。為數不多的幾個公布投票記錄的中央銀行,一般只是披露個人的得票數,並將此項內容記載於會議紀要中。

(3)外匯市場干預。在外匯市場干預上,許多專家學者、中央銀行人士都認為一些隱密性有利於干預的有效性。Ghosh(2002)就此作了理論分析,他的結論以幾個關鍵假定為基礎:①如果中央銀行在貨幣衝擊上擁有知識優勢的假定不成立,公眾就始終可以根據經濟變量類型和中央銀行損失函數來預測中央銀行的行為;②價格是黏性的,並且提前一期決定;③大規模干預可能造成大量損失,因此中央銀行想要節制它的外匯市場干預活動;④貨幣供應量被用作其他一些目標的參考指標,所以中央銀行不能運用貨幣供給來穩定貨幣需求衝擊;⑤衝銷干預[①]經由資產組合平衡渠道影響匯率。中央銀行在披露其貨幣需求私人信息時,如果

[①] 衝銷干預(sterilized interventions),指在外匯干預的同時或稍后,貨幣當局採取措施抵消官方外幣資產持有量變化對國內基礎貨幣所產生的影響。

信息透露過多,匯率將迅速作出調整,但因價格黏性,其調整影響不到價格水平,這樣,雖然穩定了下一期的產出,卻加劇了本期的產出波動;相反,如果它可以完全封鎖貨幣需求衝擊信息,則結果是本期的產出穩定而未來的產出變動很大。解決本期產出與未來產出之間的波動性交替最理想的辦法是只釋放部分信息,並通過秘而不宣的干預活動完成。除了中央銀行外,外匯市場上還存在「噪音」交易者,而公眾只能觀察總的交易量,因此他們接收到的有關中央銀行秘密干預的信號總是夾雜著噪音,這樣,中央銀行即使在外匯市場上採取隱密干預方式,也可以對私人信息的釋放只承擔部分責任。

(4)短期利率目標。透明度是否引起利率的波動性增大,一般是考察(非)借入準備金目標(政策工具是貨幣供應量指標)。在銀行準備金市場,中央銀行調節銀行間利率,保證包括借入與非借入準備金在內的整個準備金供需均衡。由中央銀行供給的非借入準備金量取決於銀行間利率與中央銀行的短期貨幣目標,是二者的簡單反應函數。如果政策透明,中央銀行要公布這個貨幣目標;如果政策不透明,則貨幣市場失調屬於中央銀行的私人信息,因此不能從銀行間利率推導出政策目標。

假定中央銀行的短期貨幣目標是隨機的,屬於中央銀行的私人信息,並取決於政策衝擊;中央銀行的反應規則是將非借入準備金的供應與貨幣需求對貨幣目標的偏差相聯繫。如果短期貨幣目標公開,商業銀行對未來的銀行同業拆借利率的預測誤差會減少。以聯邦基金利率 FFR 為例,也就是 FFR 的條件方差減少。所謂條件,指在知道所有過去的變量值和當前的 FFR 的狀態下進行預測。有了更優質的信息,預測自然會更準確。對商業銀行來說,中央銀行貨幣目標的披露產生了兩個好處:一是減少了信息搜尋成本;二是改善了信息集。但是,FFR 的無條件方差,即事前方差在透明度下一般會更高。有兩種渠道影響無條件方差:首先,在透明度下,公眾可以更準確地瞭解貨幣目標的變動,因此 FFR 對這些變動的反應更強;其次,若商業銀行的信息更通暢,銀

行同業市場的拆借(borrowing)對政策衝擊的反應會減少,拆借方面的波動減輕減少了 FFR 的方差。總之,短期貨幣目標的隱密性,一方面增加了私人部門對銀行間利率預測誤差的方差,另一方面由於銀行間利率對未被觀測到的貨幣目標干擾的反應相對要少一些,隱密性減少了銀行間利率的方差。因此,若中央銀行擔心銀行間利率的波動,政策隱密性就是合意的。

私人部門對中央銀行進行觀察的成本(簡稱中央銀行觀察成本)影響透明度的合意性。觀察中央銀行的固定成本越低,投資於觀察活動的市場參與者就越多。商業銀行可以劃分為知情的和不知情的兩部分,若知情部分邊際遞增,也就是中央銀行觀察成本邊際遞減,已知情的商業銀行的境況將惡化,他們不僅得不到新信息,還會因利率的無條件方差增大而遭受損害。利率波動增大,雖也影響不知情的銀行,但它們可以從銀行間利率中推導出更準確的信息而獲益。貨幣目標透明度的綜合效應,對不知情的銀行來說,是正還是負不清晰,但隨著透明度的邊際遞增,所有的市場參與者包括中央銀行在內的境況將越來越糟糕。總之,當存在中央銀行觀察人時,非借入準備金目標隱密性減少,實際上會降低銀行間利率預測的準確度。因為隱密性減少,跟蹤中央銀行活動以推斷準備金目標的成本會下降,中央銀行觀察人會增多,這反過來導致銀行間利率對貨幣市場干擾的反應更強烈,其波動頻率提高,也就更難以預測。

在透明度下,利率波動也可能減弱。假定中央銀行具有恒定的非借入準備金目標,即在相鄰的兩次會議之間這一時段的貨幣目標不變。這樣,休會期間秘密實施的政策將引致公眾開展參數學習,按照貝葉斯法則[1]對先驗判斷進行更新。若當前的 FFR 水平受未來 FFR 的預期影響(因為從貼現窗口借款的邊際成本遞增),則利率的波動性在隱密狀態下更大。在隱密狀態下,金融市場主體不會觀測政策目標,而是使用銀行間利率更新他們先前的

---

[1] 貝葉斯法則,即根據新的信息從先驗概率得到后驗概率的基本方法。

判斷,如果準備金需求的正面衝擊提高了 FFR,商業銀行以為是中央銀行降低了非借入準備金目標,於是預期未來的 FFR 也會升高,由於從貼現窗口借款的邊際成本增加,它們會減少現在的借入準備金,這進一步增加了當前 FFR 均衡值向上的壓力;再者,隱密性增加了私人部門對銀行間利率預測誤差的方差,提高了銀行間利率對未觀測到的貨幣市場干擾(部分是因為準備金目標不明瞭)反應的頻率。這樣其結果是,政策不透明加劇了銀行間利率的波動,產生了消極影響。

此外,在隱密狀態下,商業銀行會使用銀行間利率與存款利率推斷準備金目標,如果中央銀行交易是為了達到準備金目標的同時維持低的銀行間利率,隱密性有利於它操縱當前的準備金交易,獲取二者之間更有利的交替。

總之,如果貨幣目標變化頻繁,隱密性可以減輕利率的波動;但是如果目標一段時間不變,而商業銀行不斷更新它們對貨幣目標的判斷,隱密性也會減輕利率的波動。由於利率波動增大引起的成本與收益與金融市場主體預測誤差減少產生的成本與收益無從比較,所以難以對短期利率目標透明度的利弊下一個唯一的規範結論。另外,上述分析是假定以(非)借入準備金為目標,因而所得結論不適合許多使用銀行間利率或回購協議利率作為政策工具的中央銀行,並且上述分析主要考察銀行準備金市場,沒有研究透明度對金融市場更普遍的影響。

實踐中,大多數中央銀行在調整了操作工具或目標后都立即對外宣布。例如,從 1994 年開始,美聯儲一改過去的保密做法,在調整聯邦基金目標的當天就發表政策聲明。若涉及政策工具調整,中央銀行通常還要進行簡潔的說明,若政策不變,附帶說明就不常見。很少有中央銀行表明政策意向,如美聯儲在表示政策傾向的政策聲明中往往使用固定不變的措辭;新西蘭儲備銀行與眾不同,它在貨幣政策季度報告中說明對短期利率的中期設想。

(5)貨幣控製誤差。Cukierman, Meltzer(1986)以對貨幣控製誤差的探討開創了貨幣政策透明度分析的先河。分析貨幣控製可

以發現中央銀行在操作上模糊的動機,假定:經濟整體由總供給函數(2·3)式給定,貨幣政策制定者最大化目標函數為(2·1)式;產出偏好參數 λ 存在信息不對稱,不僅隨機且表現出正的自相關;貨幣政策工具 Δm 的調整計劃不披露,由於未預期到的控制誤差,政策制定者只能不完全控制通貨膨脹 π;而公眾只能觀測過去的通貨膨脹結果,並運用這些結果預測政策制定者的未來偏好。

貨幣控制得越緊,反應政策制定者目標的通貨膨脹信號越可信,因此私人部門的通貨膨脹預期 $π^e$ 對過去的政策結果,即 π 的實現值越敏感。一方面,這種有利的激勵效應與更小的操作模糊度一起減輕了通貨膨脹傾向;另一方面,貨幣控制松弛能夠產生有利的不確定性效應,讓政府在最需要的時候(即當 λ 值大時)製造意外性通貨膨脹。如果不確定性效應比激勵效應更重要,政策制定者最好對貨幣不完全控制。就政策制定者實現其偏好 λ 的決心來看,不完全堅持,即不抱百分之百的決心是有利的。因為不完全堅持會滋生更大的偏好不確定性,不僅提高有益的激勵效應,而且誘使中央銀行改善貨幣控制。如果獲取中央銀行偏好要支付信息成本,偏好信息成本限制了由偏好透明度提高而引起的激勵效應的損失,中央銀行也會改善貨幣控制。

如果中央銀行關心產出穩定,貨幣控制誤差透明度的影響會有所不同。貨幣控制誤差透明度是將貨幣控制誤差向私人部門披露的程度。假定:中央銀行關心產出穩定,即目標函數為(2·2)式;產出目標 y_n+k 是中央銀行的私人信息,它持久地隨機分佈於社會最優目標附近;公眾試圖從通貨膨脹中推斷中央銀行的產出目標。在既定的貨幣控制水平上,透明度提高,公眾的通貨膨脹預期對通貨膨脹反應增強,這可以減輕通貨膨脹傾向;另外,由於中央銀行在意產出穩定,在透明度下,它很少會對特殊的(idiosyncratic)產出目標和反常的聲譽(由通貨膨脹預期體現)作出反應,從這個意義上講,透明度也減弱了中央銀行的激進主義(activism)傾向,通貨膨脹的波動頻率會降低。但是通貨膨脹預期卻因可以更加密切地跟蹤中央銀行的目標而更加易變,所以貨幣控

製透明度對通貨膨脹波動總的影響不清晰。此外,透明度使中央銀行施展意外性通貨膨脹政策的余地變小,這對中央銀行不利,可能不受中央銀行歡迎,但因減輕了產出波動而對社會有利。實際上,如果中央銀行非常容忍,即它的產出目標等於自然率水平,κ=0,實行完全透明度對社會來說最理想。但是中央銀行寧願選擇最低的透明度,因為對它來講,通貨膨脹傾向消失,有利的激勵效應就不存在,只有有害的不確定性效應。當透明度程度與貨幣控製都屬於內生性因素時,Faust,Svensson(2000)認為,中央銀行實際上很可能是採取最低程度的透明度與最大限度的貨幣控製相結合的操作模式。

對具有新凱恩斯主義菲利普斯曲線特徵的經濟結構來說,貨幣控製透明度會降低穩定化政策的靈活性。與傳統菲利普斯曲線(2·3)不同,在新凱恩斯主義菲利普斯曲線中,前瞻型通貨膨脹預期 $E_t[\pi_{t+1}]$ 代替了后顧型通貨膨脹預期 $E_{t-1}[\pi_t]$,私人部門運用產出缺口信號形成下一期的通貨膨脹預期。中央銀行運用不可觀測的政策工具,具有對產出缺口 $y-y_n$ 的不完全控製力。透明度越大,產出缺口信號越準確,因而透明度會減輕通貨膨脹傾向,但是公開貨幣控製誤差會惡化當前通貨膨脹與產出之間的交替關係。在透明度下,價格調整者更容易推斷中央銀行未來的政策意圖,所以當前通貨膨脹會對政策行動更加敏感,通貨膨脹預期對政策調整的反應強過沒有透明度的情形,中央銀行會更多地注意通貨膨脹,而不是產出穩定。當需要積極的貨幣穩定化政策時,「透明度實際上可能成為一件使政策扭曲的緊身衣」(Jensen,2002)。前瞻性變量當前的實現值取決於未來的預期值,透明度越大,預期反應越強,當前貨幣政策行動對當前的前瞻性變量的影響就越大[1],政策制定者很可能因此會過於小心謹慎,在很大

---

① 這與傳統的現值(present-value)模型,如資產定價模型有點相同,在這些模型中,若基礎因素的加工中噪音越少,預期對新信息的反應就越強,由此暗示了變量本身具有較大的易變性。若基礎因素的噪音越少意味著透明度越大,新信息表示貨幣政策行動,兩種情形就非常接近。

程度上成為「市場情緒的人質」。總之,若政策制定者缺乏可信性,需要「市場紀律」對他們加以約束,則透明度有益;反之,若他們實際上具有可信性,並需要執行宏觀經濟穩定化政策,在透明度強加的約束下,就會失去政策的靈活性。

　　貨幣控製誤差透明度非常重要。中央銀行會面臨重大的未預料到的干擾,這些干擾影響從政策行動到政策目的的傳遞,因此需要公開解釋、說明,披露這些相關信息。現實中,大多數中央銀行一般是定期公布宏觀經濟分析,其中隱約提供一些有關這些傳遞上的干擾信息,只有英國、瑞典這兩個國家的中央銀行向外界提供關於過去的預測誤差的報告。

小結

　　透明度通過公眾預期渠道對宏觀經濟變量產生影響。經濟學界關於貨幣傳遞機制沒有一致的看法,尤其是預期在貨幣傳遞過程中的作用的意見分歧更大。在前瞻性新凱恩斯經濟結構中,經濟變量現在的變現水平對預期的依賴程度更大,未來的政策意圖,由於影響預期,因而反過來決定經濟變量現在的變現;而在更傳統一些的經濟結構中,預期卻不起決定性作用。更大的透明度產生更準確的預期,從而降低通貨膨脹,使通貨膨脹、產出更穩定,但也可能加劇利率的波動,或者令中央銀行在應對經濟衝擊上無能為力,甚至貨幣政策的隱密性可以抑制工會過度的工資調整,帶來更高的就業和更低的通貨膨脹等。所以,透明度的福利意義究竟如何,關鍵是看經濟結構的類別與信息不對稱的確切內容。本章考察了單方面的透明度,而不同領域的透明度之間是相互影響的,某個變量的透明度會影響到其他變量透明度的作用,下一章將從總體上考察貨幣政策透明度效應。

　　傳統上,中央銀行的操作是比較隱密的,貨幣政策透明度制度在全球的興起,很大程度上也是基於民眾要求公共政策公開化

這個大背景,即民主社會中公眾對官僚機構的公務活動應享有知情權,除非有非常重要的原因,中央銀行不得封鎖信息。但是,透明度本身不是目的,它只是達到政策有效性的一種手段,因此,在總的透明度原則下也存在一些例外,如涉及銀行監管的信息、有關金融危機可能性的信息,這些信息可能引發預期的自我應驗(self-fulfilling)機制,結果會使經濟真的陷入危機。就公布投票記錄來說,中央銀行也應謹慎對待,投票記錄公開可能改變個人的投票行為,誘致他們利用投票牟利,將投票作為信號來傳達某種偏好或能力的強弱。對會議記錄一字不漏立即公布,或許會妨礙政策討論,如討論中不敢暢所欲言,即興發表看法,只是提供已準備好的陳述,照本宣科,因此,會議記錄的發表最好經過剪輯,更講究格式化形式。

　　就三類透明度的關係來看,一方面,知識透明度和決策透明度對目標透明度起一種佐證與加強作用。除了不良的政治、經濟因素影響外,貨幣政策還會遭受貨幣當局的私人目標侵蝕。現實中,政策是由一些具有自身目的的個人或集團制定的,他們的行為決定於那些能影響他們收入、聲望和工作條件的因素,因此,中央銀行官僚會為自身利益(如政治前途、市場前途)而積極開展尋租活動,擴張自己的影響範圍。加之,中央銀行對目標的聲明是不可證實的,公眾如果知道政策決策所依存的數據、預測基礎,就可以通過對貨幣政策措施的觀察而推斷出中央銀行的真實意圖,所以知識透明度、決策透明度二者提高了中央銀行意圖信號的準確性。另一方面,目標透明度也影響其他兩類透明度,例如,目標透明度狀況決定著經濟預測、操作程序等的透明度大小。實踐中,一方面,目標透明度得到了一致讚成,普遍認為中央銀行應該以價格穩定為目標,許多中央銀行也規定了具體的量化通貨膨脹目標;另一方面,中央銀行實行相對低的決策透明度而高得多的知識透明度,例如,一般很少將體現評議信息的會議記錄或投票記錄公開,甚至採納通貨膨脹目標制的國家在這一點上也常常不透明,即使公布,一般也是以會議紀要形式,傾向於不照字面、不

指名道姓地提供一些政策評議過程中有爭議的問題，或者拖延幾年后才原原本本公布各個成員的觀點。出現這種現象可能是因為：承認已發生的重大衝擊沒有預測到會令中央銀行感到窘迫；或者實際上，公眾很可能更關注政策行動而很少注意政策結果，因為前者對中央銀行意圖信號提供更及時；另外，對通貨膨脹歷史記錄差的中央銀行來說，知識透明度不失為一種有用的手段，實證也表明，中央銀行公布前瞻性數據越多，在實現低通貨膨脹方面就越成功。

　　透明度並非只通過信息披露就能夠達到。透明度一個重要的先決條件是公眾的理解，在某種程度上，這可以說明為什麼儘管在啟用歐元之前，ECB 所披露的信息或許比德國銀行更多，卻被一些輿論指責不透明。對 ECB 這個剛誕生的機構來說，市場觀察員的經驗還不足，不能準確詮釋、理解它的行為；另外，ECB 管理委員會成員的經歷、背景相差很大，這也使 ECB 這個跨國性機構的交流錯綜複雜化。要實現透明度，公眾的理解非常重要，正是如此，一些履歷淺的中央銀行，由於公眾不能根據它們的貨幣政策經歷來判斷它們的行為，相比之下，它們推進透明度制度才更加賣力。

第三章

貨幣政策透明度效應

　　透明度可以通過通貨膨脹目標制、中央銀行獨立性、合約及跨越機制(override mechanisms)等正式制度安排[1]來提高。將貨幣政策操作權授予享有操作獨立性的中央銀行,已成為時尚;中央銀行與政府也可以簽訂明確的通貨膨脹合約,但實踐中很少有中央銀行這樣做,新西蘭儲備銀行的做法與合約制相似,即如果沒有實現通貨膨脹目標,其行長將被解職;相對而言,實行清晰的跨越程序的中央銀行儘管不是很普遍,但更常見。Kuttner,Posen(2000)從操作層面的角度列舉了制度透明必備的一系列特徵:①對貨幣政策目標進行量化;②發表通貨膨脹報告,說明貨幣政策調整將產生的預期效應;③公布通貨膨脹預測(附上假設條件),解釋政策變動的必要性;④對過去的政策及其績效進行事後評價。

　　除了正式制度安排外,中央銀行還常常發表「非正規言論」,或者說,借助說話的方式來完成信息的公開披露。「非正規言論」[2]主張,政策制定者可以通過發表「非正規言論」來解決貨幣政策的信息匱乏問題。中央銀行有影響力的三類「非正規言論」是:政策聲明、證詞、講話。就美聯儲來看,1993年前,FOMC一般依靠公開市場操作而不是聲明來發送貨幣政策立場轉變的信號,

---

[1]　參見第四章。
[2]　非正規言論(cheap talk),《新帕爾格雷夫貨幣金融大辭典》,第一卷,P334-335,在博弈論中稱為「廉價磋商」理論。

市場參與者可以從公開市場操作中及時識別政策的變動,但卻得不到這些變動背后的基礎信息。從 1994 年開始,FOMC 發表聯邦基金利率調整聲明,這些聲明對政策的邏輯基礎作簡單的說明。聯儲主席在國會上要對當前的經濟狀況、經濟前景、貨幣政策等各種各樣的問題舉證,其中最受關注的是每半年一次向國會提交的《貨幣政策報告》;同時聯儲主席還要在聯合經濟委員會和參、眾兩院的預算委員會上舉證,一般是一年開展數次。聯儲主席經常向形形色色的聽眾發表公開講話,據統計,Greenspan 平均每年要舉行 18 場講話。

第一節 總體效應

透明度的影響可以區分為兩種效應:「不確定性效應」與「激勵效應」。不確定性效應,指信息不對稱給處於信息不利地位的代理人帶來不確定性,而給處於有利地位的一方提供利用私人信息牟利的機會;激勵效應,指掌握私人信息門路的參與人可以通過信號發送操縱他人信念,他人對信號的反應能夠影響信號發送者的激勵,從而間接改變他的經濟行為。

一、不確定性效應

透明度引起的不確定性減少,並非總是因為降低了預測誤差和減輕了具有不確定性的變量的預期波動而使福利得到改善。LeRoy,Porter(1981)對此進行了理論分析,假定 χ,z 滿足:

$\chi = \bar{\chi} + \varepsilon$

$z = E_P[\chi]$

式中,$\bar{\chi}$ 由先驗決定(deterministic);ε 是白色噪音(white noise),$E[\varepsilon] = 0, \mathrm{Var}[\varepsilon] = \sigma_\varepsilon^2 > 0$($\varepsilon$ 即服從正態分佈);$E_P[\chi]$ 以私人部門的信息集為條件,假定私人部門具有理性預期。

在透明度下(以上標 T 表示),政策制定者和私人部門(以下

標 P 表示)都知道 ε;相反,在隱密狀態下(以上標 O 表示),公眾雖意識到存在信息不對稱卻無法觀測 ε。$L_\chi = E\{(\chi - E_P[\chi])^2\}$,表示 ε 的透明度對 χ 預測誤差的方差的影響,$V_z = E\{(z - E[z])^2\}$ 是 ε 的透明度對 z 的方差的影響。顯然,透明度減少了 χ 的預測誤差,但由於私人部門對 χ 的預期更加不穩定,它同時增加了 z 的波動頻率,即 $0 = L_\chi^T < L_\chi^O = \sigma_\varepsilon^2, \sigma_\varepsilon^2 = V_z^T > V_z^O = 0$。因此,如果社會損失隨 V_z 的增加而增加,透明度就有害,例如,z 的波動本身不合意,或者 z 的波動對不觀測 ε 的第三方的預測產生消極影響。

Geraats(2002)擴展了上述模型,其分析假定更符合現實。變量 χ 分為可公開獲取的隨機信號和白色噪音兩部分,χ 可以看成政策制定者的目標,s 是政策工具,z 是經濟結果,假定:

$\chi = \bar{\chi} + \varepsilon$
$s = \chi + \upsilon$
$z = E_P[\chi/s]$

式中,s 是 χ 的公開信號;υ 是白色噪音,$E[\upsilon] = 0$,$Var[\upsilon] = \sigma_\upsilon^2 > 0$。

為了分析便利,假定 ε,υ 相互獨立,並服從標準分佈,於是 χ,s 服從聯合標準分佈。在基準情形中,私人部門不觀測 ε,υ,儘管不知道 χ,但可以利用信號 s 獲得較優的預測 $E_P[\chi/s]$。信號提取產生:

$$E_P^O[\chi/s] = \bar{\chi} + \sigma_\varepsilon^2(s - \bar{\chi})/(\sigma_\varepsilon^2 + \sigma_\upsilon^2) \qquad (3 \cdot 1)$$

上式說明私人部門如何利用公開信號 s,以先驗值 $\bar{\chi}$ 為基礎,更新對 χ 的預期。如果信號值大於先驗值,即 $s > \bar{\chi}$,則預測值升高。χ 的預測值對信號 s 的敏感度隨信號噪音比率 $\sigma_\varepsilon^2/\sigma_\upsilon^2$ 的增加而增加。σ_υ^2 值小,信號準確,預期會產生反應;而 σ_ε^2 小,χ 的不確定性不大,就不太需要利用 s 更新預期。私人部門預期對公開信號的反應,是透明度激勵效應的關鍵所在。

(1) ε 的透明度。若 ε 具有透明度,意味著 $E_P^T[\chi] = \chi$,因此信號 s 是多餘的。ε 透明度效應類似於沒有信號的情形,其優點

在於減少了不確定性,從而減少了私人部門對 χ 的預測誤差;缺點是私人部門對 χ 的預期更易變,從而增大了 z 的波動。

(2) υ 的透明度。若 υ 具有透明度,意味著公眾可以從 s 中完全推知 χ, $E_P^T[\chi/s] = \chi$。因此,無論透明度來自 ε 還是來自 υ,不確定性效應都相同。

兩種情形的關鍵區別是私人部門預期反應的敏感度。在 ε 透明度下,信號是多餘的,私人部門預期對公開信號 s 的敏感度為 0,但在 υ 透明度下,信號是完全的,敏感度達到最大(等於1)。所以,兩種透明度的激勵效應不同。

假定委託人僅控製經濟狀態變量的公共信號中的噪音部分,他希望協調不同代理人的一般化行為;每個代理人也掌握著經濟狀態方面的私人信號,並想要採取與經濟狀態相符的行動,因此調整自己的行為,以與其他代理人相適應。各個代理人之間策略的交互作用會誘發不確定性效應。與私人信號相比,如果公共信號所含的噪音多,則改善公共信息並不增加信息收益,而試圖協調行動的代理人,很少注意私人信號,他們更看重公共信號,會對公共信號起過度反應。因此,相對來說,若公共信號噪音更多,一般化行為的變異(volatility)會加重,從而損害委託人(Morris, Shin,2000)。就貨幣政策透明度而言,中央銀行披露不可靠或模糊信息會減少社會福利,相反,若公共信息屬於貨幣政策信息中的優質部分,透明度提高,一般會對社會有利。

二、激勵效應

激勵效應在於擁有私人信息的代理人,想通過信號發送達到影響他人信念的目的,而信號接收者所產生的反應會反過來形成發送者的激勵。例如,中央銀行以政策行動或結果的信號形式影響私人部門的通貨膨脹預期,而私人部門的預期反應會影響通貨膨脹——產出之間的交替關係,從而反過來影響中央銀行的通貨膨脹傾向。

貨幣政策透明度的激勵效應,可以借助於私人部門不確定中

央銀行的偏好這個一般的信息不對稱假定來分析。假定中央銀行的通貨膨脹目標是隨機的,公眾不能觀測到。在中央銀行與公眾的動態博弈中,偏好不確定性產生激勵效應。由於私人部門會理性地使用過去的政策結果來更新對政策制定者偏好的信念,政策制定者就可以將通貨膨脹作為一種信號來加以巧妙運用,好通過減少本期通貨膨脹,建立起具有低通貨膨脹目標的聲譽,以降低未來的通貨膨脹預期,獲得更有利的通貨膨脹——產出交替。這種信號或者聲譽的作用在於降低了通貨膨脹傾向,提高了政策制定者的預期效用[1]。

在一般的兩期博弈模型中,中央銀行最大化動態目標函數為:

$$U = U_1 + \delta \cdot U_2 \qquad (3 \cdot 2)$$

式中,δ:跨時(intertemporal)貼現因子,$0 < \delta < 1$;U 由公式(2·1)給定。

每一期貨幣政策博弈的特徵是:中央銀行的通貨膨脹目標與供給衝擊信息不對稱;公眾運用 π_1 推斷中央銀行的通貨膨脹目標並形成 π_2^e。

在動態博弈中,政策制定者知道 π_2^e 對通貨膨脹敏感,所以有積極性減少第一期的通貨膨脹來進行聲譽投資,結果第一期的通貨膨脹傾向相對要小一些,產出期望值仍等於自然率 y_n,但通貨膨脹目標缺乏透明度所產生的不確定性增大了產出方差。現實中,中央銀行官員人選都是實行輪換制,他們與公眾之間進行的是有限重複博弈,因此,會權衡短期利益與長遠利益,激勵效應讓他們在博弈的靠前階段(即本模型中的第一期)選擇合作行為,但是在博弈的靠後階段(即本模型中的第二期),他們會一次性用盡先前營造的聲譽,盡可能找回以前的短期利益損失。中央銀行

---

[1] 效用(payoff),張維迎譯為「支付」,在博弈論中,支付或者是指在一個特定的策略組合下參與人得到的確定效用水平,或者是指參與人得到的期望效用水平,它是博弈參與人真正關心的東西。

具有各種通貨膨脹動機,加之通貨膨脹目標透明度缺乏,會誘發中央銀行的道德風險,增大第二期的通貨膨脹傾向。

　　總的來看,通貨膨脹目標透明度產生兩種效應:對公眾來說,它清除了通貨膨脹與產出的不確定性,產生有利的不確定性效應;對中央銀行來說,它在第一期剔除了考慮減少通貨膨脹傾向的聲譽因素,產生有害的激勵效應。許多聲譽模型表明,在由中央銀行偏好信息不對稱產生的激勵而引致的動態調整中,聲譽減少了通貨膨脹傾向。例如 Backus,Driffill(1985),Barro(1986)按照中央銀行對通貨膨脹的厭惡程度,將中央銀行劃分為兩種類型,強型與弱型,來分析聲譽或信號發送的作用;Cukierman,Meltzer(1986)考察了貨幣控製誤差這種追加的信息不對稱對中央銀行類型連貫性(continuum)的影響;也有一些聲譽模型不依賴信息不對稱和私人部門信念理性更新這兩個前提條件,而是以(任意)觸發策略形式作假定,在觸發策略中,通貨膨脹預期取決於過去的政策結果。聲譽理論產生了兩種政策涵義:首先,如果政策制定者的任職期長,聲譽喪失的可能性會對他施加約束作用,因此,可以在現實中推行長在位期制度建設;其次,政策制定者的偏好存在一些不確定性,可以誘致有利的激勵效應,因此,對政策制定者進行定期更換的制度安排有利,如實行任期部分重疊制或輪換制。

第二節　具體效應

一、透明度措施:另一種貨幣政策工具

　　中央銀行發表的非正規言論(簡稱中央銀行的說話),是除法定準備金、再貼現和公開市場操作外的另一種貨幣政策工具。中央銀行說話與貨幣政策行動一樣要影響收益曲線的形狀。由於政策制定者擁有一些政策偏好的內部信息,居於可以將自身的偏

好轉變成現實政策的特殊地位,他們僅僅憑一些言論就能影響股票、債券和外匯交易市場,這些言詞甚至無須緊隨任何銀行準備金的調整,只要說出未來貨幣政策的可能走向即可。利用這種方式,貨幣政策可以不費成本地調節市場預期,而且與對貨幣政策本身進行實際調整相比,如借助實際的政策工具來影響股票價格,中央銀行說話不會帶來更寬泛的經濟后果。

現在,中央銀行的政策操作一般都會採取說話的方式。在通貨膨脹目標制國家,中央銀行說話更是一種規範的政策工具。這些國家一般要求及時釋放中央銀行觀點信息,這種信息無論是細節還是內容上涉及面都廣。例如,英格蘭銀行發表幾種聲明:貨幣政策委員會發表的聲明、在休會期間公布的會議記錄、通貨膨脹報告。許多人不會忘記,在 1996 年 12 月,Greenspan 發表的那個有名的「非理性繁榮」(irrational exuberance)講話,成功地擠掉了股票市場的泡沫。

中央銀行發表的非正規言論,披露了一些與宏觀經濟前景、貨幣政策近期路徑相關的信息。一方面,這些言論透露了中央銀行對貨幣政策近期路徑的預測。中央銀行的決策包容了大量的判斷和彈性,即使投資者得到了與政策委員會相同的經濟數據,也難以預測在給定時段上的政策舉措,因此不管是否知道經濟狀態,他們無疑也要留意中央銀行發表的非正規言論,以瞭解政策委員會近期的政策意向。另一方面,非正規言論傳遞了中央銀行關於經濟狀況看法的信息。這些信息關係到今后一兩年內的總需求和通貨膨脹壓力情況,其中一些是關於長期經濟特性的,既有超出中央銀行影響範圍的部分,如結構性的生產率增長,又有完全在它控製之中的部分,如期望的長期通貨膨脹率。中央銀行說話,偶爾還觸及特殊金融資產定價問題,如對太高的股權定價發出直接或間接警告;提醒信貸價差幅度可能太窄,銀行借貸期限過於寬鬆等。通過發表非正規言論,中央銀行將它掌握的優勢信息和政策意向一併傳達給了公眾,從而影響公眾的預期。

1. 中央銀行說話與行動的作用比較

在信息不完全的環境中,法定準備金、再貼現和公開市場操作這三大貨幣政策工具本身就是傳遞信息的手段。例如,政策利率服務於雙重目的:①起傳統的資源「配置」作用,現在的和預期的未來短期利率,決定了經濟體因消費和投資而進行儲蓄和借貸的利率水平;②起「信號傳遞」作用,政策利率指標是公共信息,也是反應中央銀行關於經濟狀態看法的指標。中央銀行借助傳統的貨幣政策工具所作的意圖宣示,主要是依賴它的貨幣政策行動,通過行動發送信號。中央銀行的政策行為在透露它的意圖上並非毫無瑕疵,僅憑行動,並不能保證公眾瞭解中央銀行的通貨膨脹和就業嗜好。

在特殊情形下,中央銀行的聲明特別有效。聲明可以用來防止投資者對政策行動產生誤解,或反應過度;若中央銀行認為投資者對經濟前景過於悲觀或樂觀,還可以借助聲明提供矯正性信息。在第一種情況下,聲明可以幫助市場參與者分辨針對主要經濟變化的政策行動與保險性政策行動,在經濟前景基本令人滿意的條件下,中央銀行採取后一類措施是想為特定結果尋求更大的保險。當名義政策利率已很低,需求仍不足時,對中央銀行的經濟和政策意向預期的準確性尤其關係重大,如果這時市場的認知出現錯誤,沒有準確反應中央銀行的計劃策略,就不能輕易通過調整常規性政策措施加以抵補。

中央銀行的政策行動與近期政策傾向聯繫最緊密,這些政策措施對近期利率的影響最大,對較長期限的利率影響較小。而中央銀行說話,如政策聲明,其效應主要是由內含的經濟前景因素推動,大部分期貨利率變化和幾乎全部的遠期利率變化受經濟前景因素影響;另一類說話——證詞,它也包含一些明顯的中央銀行的近期政策意向徵兆,但與政策聲明相比,證詞往往更廣泛地聚焦於中期經濟前景,而不是最近的政策傾向。許多證詞,包括貨幣政策報告附帶的證詞,顯然是想要聽證方跟蹤經濟動態。此外,證詞也更加頻繁地觸及長期經濟問題,如生產率增長的結構

變化、財政政策等。

政策行動配合同向的聲明,作用會增強。中央銀行的說話和行動一樣都是必不可少的貨幣政策程序。一部分聲明效應類似於實際的政策行動產生的效應,只不過在時間上有些差異。也就是說,聲明中反應政策傾向的部分引發了暫時性的政策調整預期,這與未預料到的政策行動引起的市場反應相同。因此,聲明與政策行動,至少在短期內可以彼此充當對方的有效替代品。事實上,一家可信的中央銀行現在執行一項政策措施與承諾在不久的將來再實施所收到的效果接近。聲明如果還包含經濟前景信息,則還具有另外的功能:傳遞中央銀行對經濟前景的看法,而大部分透明度收益正是源於此,私人部門正是借助這些信息對政策、經濟的走向作出更優的判斷,他們的行動才得以加強政策的有效性。

Kohn, Sack(2003)對中央銀行非正規言論的信息含量進行了實證考察。實證顯示,與中央銀行的說話相比,短期利率對它的行動(政策決策中未被預期到的部分)反應更強,而就未來一兩年的利率變動而言,中央銀行的聲明與行動所起的作用相差無幾;證詞的影響更大,可以延伸到期限較長的信用工具上。引起市場利率反應的中央銀行說話,有些暗示了近期政策策略、意圖,而另一些作為信號發送手段,傳遞中央銀行對經濟前景評估的修正信息。這種修正影響位於收益曲線上期限更長的利率,如果針對這種修正,中央銀行傾向於採取漸進性措施,則中期利率的變動一般大於短期利率的變動。總的來說,當中央銀行的說話聚焦於它所直接關注的問題並傳遞相關信息時,其影響力最大,也因而有效。

2.「新」貨幣政策工具的局限性

透明度措施為中央銀行提供了另外的政策工具,但其作用有限,尤其表現在清除偏好的信息不對稱上。為了收穫更低的私人部門通貨膨脹預期,中央銀行有激勵誤傳自身偏好。例如,如果會議記錄要公開,決策者就會故作姿態表示關注公眾利益,而增

加他們言論的迷惑力。事實上,中央銀行對目標的聲明,尤其是對各個目標相對重要性的聲明不可證實,而且公布偏好信息是無成本聲明。因此,它不可能既準確又可信地交流它的私人信息,而最多以「範圍」(ranges)形式作可信卻不精確的聲明(Stein, 1989)。

　　從邏輯上講,以中央銀行的簡單言論作為有效信息的平衡不具有協調的刺激性,難以維持。如果言論模糊,市場過度反應的潛在威脅會成為一種約束手段,從而恢復協調的刺激性。所以,中央銀行限制自己僅發布模糊言論,從而以一種更加粗略的方式來調節市場預期。如果它試圖去欺騙公眾,結果將是它的聲譽受損,而得不到任何好處,欺騙行為也相應將更加缺乏對公眾的刺激作用。

　　另外,中央銀行說話的詳細程度難以把握。中央銀行說話越詳細,對經濟前景、不同風險,以及各種可能的結果如何依存於特殊事件的描述就越準確,並可以指出諸多看法間的微妙差別。使用簡潔的方式,未免會丟失一部分信息,市場參與者如果過於看重這些概要性言論,便不能識別中央銀行的觀點所依附的條件,無法確定它在不確定世界中承諾某項政策的意願度。經濟是複雜的,不僅它的結構不斷演變,還常常遭受預料不到的衝擊,因此,更詳細的聲明勝過簡單的、梗概的聲明,后者的信息可能不完全,並可能起誤導作用。但是,在大多數國家,政策由委員會制定,這種決策程序的優點是帶來政策觀點的多樣性,缺點卻是不宜發表詳細聲明。

　　許多學者對貨幣政策聲明中的信息含量問題作了研究。Cukierman, Meltzer(1986)發現,美聯儲對其將來的政策目標大加修飾,添加噪音,表現為在實際操作中公布貨幣增長的目標區間。這些修飾噪音顯示了聲明的不精確程度。隨后,Cukierman, Liviatan(1991)提出,由於中央銀行擁有兩種基本操作模式:一種是沒有誤導公眾的動機,真實地公布政策目標;另一種是具有欺騙公眾的動機。若公眾不能區分這兩種情形,中央銀行自然會更多地

利用政策聲明的功能。因此,政策聲明傳遞的是既有修飾噪音又確有意義的信息。Garfinkel(1990)使用 Crawford-Sobel(1982)平衡概念來說明中央銀行在傳遞某個特定的內部信息時,如何才能使其公布的言論既富修飾噪音又具有可信性。這裡的內部信息與貨幣需求的擾動有關,在存在貨幣增長規律的條件下,根據 Crawford-Sobel 作用機制,中央銀行可以向公眾傳遞一些能引起貨幣需求發生振動的信息。因此,在出現高通貨膨脹時,中央銀行可以有效地「警告」工資發放者。

二、透明度、監督成本與道德風險

監督成本制約著中央銀行的道德風險。私人部門在簽訂工資等名義合約時,需要判斷貨幣政策的未來走勢,預測合約期內的通貨膨脹水平。這些名義合約一經簽訂,就不會經常性地更改,它們的存續期往往長於貨幣政策變動的間隔期。其間,中央銀行會因種種激勵而變更政策,從而引發道德風險。道德風險主要來自於中央銀行的通貨膨脹傾向,無論是出於政治壓力,還是糾正經濟本身的扭曲行為,中央銀行都會動用意外性通貨膨脹政策來獲得產出的一時增長。私人部門為了減少政策變化帶來的損失,會監督中央銀行的行為,如果監督要支付成本,未必就能消除通貨膨脹傾向。

透明度可以減少私人部門的監督成本。在政策隱密的情形下,私人部門獲取中央銀行的行為信息不會是免費的,而且信息的使用也要付費,如投入到信息搜集、加工中的實際資源。因此,私人部門要形成準確的預期必須支付成本。在名義合約的跨期安排中,監督成本還可以延伸到重新簽約的談判成本。私人部門因監督中央銀行而遭受的損失等於監督成本;不監督而遭受的損失等於非 0 的通貨膨脹,只有前一種損失小於后一種損失才會達到監督條件。所以,私人部門面臨著選擇:進行監督,支付成本;否則,遭受通貨膨脹。其最優決策取決於監督成本與通貨膨脹傾向二者的比較。

在重複博弈中，私人部門還需要決定監督的頻率。此時，監督成本是觀察成本與利用新信息重新談判的成本之和，這些成本使私人部門只是對合約進行間斷性修正，也就是說，為了降低成本，他們要選擇將名義合約固定的時間長度。在政策聲明發表后，貨幣政策就受私人部門監督，名義合約每 N 期修正一次（N≥1。N＝1，每期都修正；N＝∞，一次都不修正）。在監督過程中，私人部門決定是否修正通貨膨脹預期，如果中央銀行在非監督時間內違背了聲明，在接下來的 N－1 期，私人部門提高通貨膨脹預期水平。更大的監督成本勢必加長 N，即相繼的價格預期修正的時差延長，這可以理解為，透明度減少導致了名義剛性增加，繼而產生了更高的通貨膨脹預期。所以，透明度可以減少監督成本，從而為私人部門提供監督激勵，推動中央銀行的通貨膨脹傾向向 0 趨近。

此外，若私人部門監督中央銀行需要支付成本，保守的（通貨膨脹厭惡型）中央銀行並不足以清除通貨膨脹傾向。公眾一旦知道中央銀行屬於風險厭惡型，就不會及時去修正名義合約，所以保守的中央銀行會引發公眾方的道德風險，這種現象類似於工資指數化情形，工資指數化使保守的中央銀行提高了經濟的名義剛性程度，通貨膨脹與增長之間的短期交替曲線趨於平坦。Isabella Imperato（2002）以監督成本為條件，主張透明度應隨中央銀行的保守程度或獨立程度的增加而增加。

三、透明度、不確定性與貨幣政策的可預測性

貨幣政策的可預測性保證它的有效性。例如，在爭取價格穩定上，可預測的貨幣政策，能以更穩定的利率移動與更低的利率水平達到目的；透明度能使貨幣政策的傳遞過程更順利、有效。貨幣政策的有效性關鍵取決於私人部門的良性預期，而私人部門預期的形成，需要大量的信息。透明度在許多方面改善了貨幣政策功能，其中最重要的是減少了政策不確定性，降低了私人部門的預測誤差，從而提高了政策可預測性。

經濟中有兩類不確定性:一是外生不確定性,如消費者偏好、廠商的技術;一是內生不確定性,源於經濟主體的決策,如在市場經濟中,買主不能確定他是否會遇到合適的賣主,反之亦然,正如搜索理論和討價還價文獻討論的那樣,雙方都不能肯定在什麼樣的條件下進行交易。在現代經濟中,一類重要的不確定性是經濟政策及其對稅制、利率、公共物品供給等的影響,這就是「政策不確定性」,它實際上是一種外生不確定性。

政府可以提供公共信息這種公共物品來減少政策不確定性。大多數經濟決策的制定都面臨不確定性,而對當前經濟狀態及未來走勢的判斷,在決策中起關鍵性作用,如果判斷失誤,決策也就不可能正確。所以,在微觀層面,每個決策者都想最小化他的不確定性,希望宏觀層面的制度運作所帶來的政策不確定性盡可能小,至少政策應該確保不增加現有的不確定性。理性預期假說認為,對政策預期不準確,會造成經濟的無效率。對中央銀行來說,披露貨幣政策信息,不僅可以減少政策不確定性,讓市場參與者能夠有利地將信息直接轉換成交易,還可以避免市場的過度反應和反覆無常(特別是在貨幣政策會議前后)。在透明度下,貨幣政策行動本身不再冒追加噪音、導致經濟總體不穩定的風險。

一個明晰且有規律可循的決策進程有助於增加貨幣政策的可預測性。中央銀行控製短期利率,但無論是理論還是實踐都已證明長期利率對經濟的作用最大。而這些長期利率反過來反應了市場對短期利率未來走勢的心理預期,以及由不確定性造成的某些市場價格的升水。如果貨幣當局表明自己正在做什麼,以及對未來的政策計劃,如分析影響未來政策變化的風險,就可以幫助市場參與者修正利率預期。而且貨幣政策不確定性減少可以減輕由不確定性造成的市場價格升水。因此,透明度會使那些決定宏觀經濟的利率變化更加貼近政策決策者的意圖。事實上,「透明度提高,能夠讓政策決策者根據市場決策,而不是做出不符合市場的舉動」(Ferguson, 2001)。

Remsperger, Worms(1999), Ferguson(2001)等主張可預測性

必須受到限制。貨幣政策預期與長期利率之間的聯繫越緊密,中央銀行可以越頻繁、快速地運用政策工具,但市場調節絕非貨幣政策行為的替代品。由於經濟變化神祕莫測,無論是市場還是中央銀行都不能預見到經濟快速演變的所有波動和扭曲,因此,中央銀行應該保持靈活性與審慎原則,在必要時採取強有力的措施。此外,可預測性也有缺陷。它可能迫使中央銀行淪為市場情緒的「人質」,即過分受市場盛行的預期支配。被束縛的中央銀行,其行動,更確切地說是回應,只為了滿足局外人的短期預期。為確保中央銀行能夠抵消不良的經濟變化,貨幣政策在短期無須總是可被徹底預測,要有一定的靈活性。當然,貨幣政策在長期必須是可預測的,若在長期還令人琢磨不透,無異於自毀前程。

四、透明度、可信性與聲譽

只要經濟主體之間存在部分互相衝突的目標,就可能出現可信性問題。貨幣政策可信性主要是針對中央銀行的通貨膨脹目標。在信息不對稱環境下,經濟主體的聲譽表現為他人持有的對其偏好或可信性行動的概率信念;在一個對稱環境中,經濟主體的聲譽將被看作一種資產,經濟主體若不能履行達成一致或事先已確定的行動,其他人就會將某些成本施加在他身上。在現實生活中,公眾通常不知道政策制定者是否能夠作出承諾,如果在簽訂名義合約之前,政策制定者宣布他在合約期內選擇的通貨膨脹率,公眾對該聲明的理解將依賴他們對政策制定者承諾能力的信心。政策制定者有兩種類型:一種受聲明約束;另一種不受聲明約束。聲明對公眾的影響將依賴於公眾認定政策制定者能夠遵守承諾的概率。概率越大,聲明的可信度越高,它們對預期和各種名義合約的影響也就越大。政策制定者可以分為強型與弱型兩類,前者更少關心就業,力圖維持低通貨膨脹率。公眾需要不斷地根據過去的通貨膨脹來瞭解政策制定者的類型,這是一個學習過程。但由於政策制定者無法完全控製貨幣,控製得越差,公眾的學習過程會越長。

理論上,可信性問題主要與貨幣政策時間不一致性假說相聯繫[1]。Barro, Gordon(1983)認為,一旦通貨膨脹預期形成,並作為特定因素參與了經濟主體的決策後,政策制定者就將產生動機,引發高過預期水平的實際通貨膨脹率。通過實施這種「意外性通貨膨脹」政策,社會可以一時獲得高於「自然率」的產出水平。政策制定者一般都偏愛時間不一致性政策行為,這一觀點已被廣泛認同。中央銀行如何才能將通貨膨脹預期穩定在低水平,如何證明自己一直在執行適度的貨幣政策?對這種貨幣政策可信性問題,中央銀行可以利用透明度來解決。在透明度下,公眾可以更容易對中央銀行的貨幣政策進行事後評價,事前聲明的可信度越高,長期通貨膨脹預期就越穩定,而長期通貨膨脹預期是價格穩定的關鍵所在。

一項政策的可信性,由它的接受群體鑒定。Cukierman, Meltzer(1986)將可信性定義為,「政策制定者的計劃目標值與私人部門對這些計劃的相信值之差的絕對值,相差越小,計劃的貨幣政策的可信度越高」;Faust, Svensson(2000)提出,可信性以宣布的目標與預期值之差的絕對值來計量,中央銀行的可信度越高,私人部門的通貨膨脹預期越低,反之亦然。可信度越高,中央銀行偶爾相機行事的自由度越大,其政策的選擇彈性越大。一些中央銀行由於高通貨膨脹歷史造成了可信度低,要僅僅依靠自身的表現來博得高可信度,不僅耗時長,而且花費的代價也大,但是借助於貨幣政策透明度,可以輕鬆贏得政策的可信性。可信性、聲譽和透明度,這些概念都與中央銀行的偏好動態相關。

1. 透明度充當可信性建立的承諾機制

透明度可以充當明確的承諾機制,幫助中央銀行建立聲譽。現在,大多數中央銀行的通貨膨脹目標都比較透明,而產出或就業目標卻比較模糊。正如 B. Friedman(2002)所說,中央銀行的長期通貨膨脹目標之所以「透明」,在於它支撐了中央銀行的公開化

---

[1] 參見第四章。

活動部分,同時又模糊了中央銀行在背後必然進行(目標)分割的部分,即它「封住了對中央銀行在非長期內究竟可以維持怎樣的產出、就業或其他實際經濟目標的明確討論」。實際上,中央銀行的就業、通貨膨脹偏好在不斷變化,這種偏好整合了各種不同的社會偏好。社會偏好不同,表現在中央銀行官員的選舉過程、決策者在規則內的相互作用,以及他們對外部壓力的反應上,公眾不可以完全觀測到。雖然從20世紀80年代早期開始,許多國家便實現了低的或溫和的通貨膨脹長期記錄,但是透明度對維持中央銀行動態的可信性和聲譽仍然是必要的。

在透明度下,中央銀行的聲譽、可信性對它的行為更加敏感。中央銀行若以意外性通貨膨脹欺騙公眾,將付出更大的代價,所以透明度對中央銀行的政策起到一種緩衝作用,是對將新政策維持一段時間[1]的一種可靠承諾。而且只要中央銀行言行一致,聲明、公告、經濟預測公布、中央銀行官員的講話等透明度措施可以縮短贏得可信性的時間。在B. Friedman看來,透明度與可信性是通貨膨脹目標制中的規範術語,公眾理解「透明的」政策是對低通貨膨脹「可靠的」承諾。為避免經濟或政治壓力造成通貨膨脹傾向,透明度是一種有效的防範手段。

聲譽效應源於公眾根據中央銀行的行為進行預期的理性更新。中央銀行的聲譽也可以由公眾的通貨膨脹預期值來度量。公眾使用利率、貨幣供應量等指標推斷中央銀行的通貨膨脹目標。在隱密狀態下,這些信號的噪音較多,市場的通貨膨脹預期對中央銀行試圖建立聲譽的反應弱。透明度具有顯示中央銀行類型的作用,弱型中央銀行不願意透明。若存在通貨膨脹傾向,中央銀行具備以更高的利率建立聲譽的激勵。市場一般很少注意不透明的中央銀行發出的信號,因此這類中央銀行的聲譽投資就較少,這會引發更高的通貨膨脹。

---

[1] Woodford 等稱之為「政策慣性」。

2. 透明度通過對可信性的培育,為中央銀行提供了更多的政策靈活性

貨幣政策可信性影響通貨膨脹、利率的走勢預期。如果公眾不清楚中央銀行的策略、目標,貨幣政策可信性勢必會弱化。當前的經濟狀況,以及針對短期問題採取的政策措施,會影響市場對未來的經濟走勢,特別是長期通貨膨脹環境和與此相關的長期利率的預測。這些心理預期變化的影響不可低估,中央銀行往往會因為懼怕引發這類變化而在採取必要的措施時舉棋不定。如果市場通貨膨脹預期正確、穩定,中央銀行的政策行動會具有更大的彈性。所以,透明度、可信性會提高貨幣政策穩定經濟、抵禦短期衝擊的效力。

相反,操作的隱密性會削弱中央銀行使利率成為一個更有利的穩定化政策類型信號的努力效果。為了避免產生不合意的通貨膨脹預期效應,中央銀行不得不對利率進行「平滑」移動,結果,「所運用的政策手段不僅不再完全抵消需求衝擊,還給經濟追加了又一重波動」(Geraats,2001)。

3. 透明度可以化解政策時滯給可信性帶來的消極影響

貨幣政策從執行到產生效應之間存在時間差[1],因而難以檢測。時間差會對貨幣政策的信用產生壓力,這就更需要在決策過程中增加透明度。如果貨幣政策目標、程序達到了眾所周知的境界;如果政策變動的消息可以迅速傳播,則中央銀行在完成其公開聲明的目標上會更加守信。而且在透明度下,如果政策效果受到了傳遞時滯的影響,可信性卻不會因此受損,因為中央銀行以更正規的方式履行目標,有目共睹。如果貨幣政策發生了變動,在高可信性下,預期調整會更快速,這增加了勞動市場及其他市場的靈活性,也降低了反通貨膨脹的就業、產出成本,因此像價格穩定諸如此類的目標,也就更容易實現、對付和維持。

---

[1] 例如,英格蘭銀行和ECB認為這個時間差是兩年。

五、透明度與貨幣政策制定的激勵機制

首先,貨幣政策開放、明瞭,會激勵政策制定者慎重地說明貨幣政策的主要目標,繼而又為目標的關注,以及最大化實現這些目標而在程序、指標與工具的採用上提供激勵。其次,透明度可以助長與引導更開放的政策爭辯、評論。在透明度下,市場分析能夠更直率地評論中央銀行的行動、程序與決策邏輯,這些評論反過來促使貨幣當局思考、辯護,迫使中央銀行公開面對、調和其政策分歧。因此,透明度為貨幣政策分析的準確性創造了激勵,由此產生的競爭思想、更為開放的對話,必然改善政策制定的質量,決策依據也會更加充分、完全。例如,政策制定者為了徹底認識、理解某個具體的政策問題,以便形成一致意見,可以利用透明度來探索、推進。

第三節　透明度與金融市場運作的相關實證分析介紹

透明度有利於提高金融市場的效率,主要表現為,在透明度下,金融投機減少,市場波動減弱。政策的開放,讓公眾可以以更系統的方式調整他們的利率預期。信息越多,可預測性越強,公眾的預期會更清晰,這樣市場波動的一大源泉——投機泡沫,即使無法避免,也可以減少。政策環境的透明化之所以能改善金融市場的運行,是因為透明度減少了不必要的不確定性和由此引起的混亂。如果預期針對新信息的調整更快,政策變動造成的混亂會減少,金融市場的運行也相應會更順暢。此外,債券股票等金融市場還會因不確定性的升水減少、利率的下降而得到支持;在透明度下,價格的信息含量增加,金融市場充當敏感性信息的傳遞者的作用也會相應提高。

一、透明度效應的實證結論

大量的實證分析了市場對貨幣政策信息披露的反應,為貨幣政策透明度效應提供了佐證。若貨幣政策聲明引起了有效的金融市場反應,就可以說明,這些聲明傳遞了信息,因此有助於提高透明度。從理論上,Tabellini(1987),Rudin(1988)分析了中央銀行隱密性的減少,能夠提高經濟主體對利率預測的準確性;Dotsey(1987)發現,隱密性傾向於增加聯邦基金利率預測誤差的方差。分析透明度,更多的是使用時間序列數據和事件研究法,通過實證檢驗它的效應。

(1)透明度提高了貨幣政策的可信性與可預測性。貨幣政策與市場預期的相互作用,是宏觀經濟學近30年來最為耀眼的核心部分。貨幣政策的可預測性在透明度制度下取得了實質性的進步。Siklos(2000)根據調查數據(survey data)發現,私人部門的通貨膨脹預測值在通貨膨脹報告公布的月份裡減小。Clare, Courtenay(2001)使用重大事件研究法,採用倫敦國際金融期貨交易所(LIFFE)的期貨合約即時(tick-by-tick)匯率數據,得出結論:①以通貨膨脹報告形式公布的通貨膨脹預測,為市場參與者提供了信息;②對英國金融市場在聲明宣布日與非宣布日的表現的比較顯示,從英格蘭銀行獨立以來,匯率、股票和利率期貨的作用發生了變化;③宏觀經濟數據信息的公布,對債券、股票、期貨影響的持久性比較小,這可能說明了市場對貨幣穩定的信心增強;④利率期貨對貨幣政策的反應比較微弱,說明貨幣政策的可預測性增強,透明度產生了效果。

Mark Watson(2002)使用常用的檢驗方法來驗證利率期限結構的預期假說,也證實透明度提高了貨幣政策的可預測性。常用的檢驗方法,是將短期利率的長期變動與固定不變的期限和長短期利率的利差之間做迴歸分析。如果預期假說成立,就應該接受零假說,即利差系數(斜率系數)為1,修正的可決系數 R^{-2} 應表明利差解釋了短期利率的大部分長期變動。他運用月平均數據,將

有效的聯邦基金利率作為短期利率,3個月期的國庫券利率作為長期利率,對1986年1月—1994年1月與1994年2月—2001年6月這兩個時期,使用上述方法分別進行了檢驗。迴歸結果顯示,1994年前的迴歸方程斜率系數很小,為負,幾乎等於0,而1994年后是0.97,接近於1。這說明:市場對聯邦基金利率的預期能力在兩個時期發生了劇變,1994年后聯邦基金利率變動的可預測性顯著提高。

(2)透明度增加,減少了金融市場的不確定性。各種不同的研究方法證實,市場參與者要對中央銀行發布的宏觀經濟信息作出反應。Kuttner,Posen(2000)通過調研美國、德國和日本的匯率波動的變遷史,來檢驗美聯儲和日本銀行的貨幣政策透明度對匯率波動減緩的貢獻。分析發現,美聯儲貨幣政策透明度的提高,有助於促進德國馬克與美元間匯率的穩定,而德國馬克與日元間匯率波動增大,與日本銀行比較保守的貨幣政策相符。Haldane,Read(2000)將官方利率變動的收益曲線效應分解成宏觀經濟信息(影響短期利率)與貨幣政策偏好信息兩部分,通過分析英美兩國的金融市場發現,貨幣政策行為對短期收益曲線的影響顯著下降,這表明透明度減輕了經濟信息不對稱,貨幣政策信息披露力度加大,導致市場利率對官方利率調整的反應下降。

1994年,美聯儲進行了政策改革,開始在FOMC例會的下午宣布聯邦基金利率目標。此前美聯儲一直都是讓公眾通過研究經濟先行指標,或觀察該指標公布后的數天以至於數周內聯邦基金利率的行情,來猜測其行動,因此,一些經濟學家和媒體認為美國貨幣政策籠罩著一層神祕面紗。Thornton(1996)從計量經濟角度,對聯邦基金利率目標調整后立即披露這一政策程序的意義進行了檢驗。1994年后,雖然經濟至少有部分減輕的波動可能歸功於相對平靜的金融市場,而不是由政策變革引起的,但美聯儲取消世人公認的隱密性,這項新政策的確減少了金融市場的不確定性。因為自新政策實施以來,預測誤差減少了,即均方差(Mean Squared Error)降低了。

(3）透明度增強了預期能力，提升了預期的超前時間。Poole,Rasche,Tornton（2002）分析了美國金融市場對美聯儲政策行動的反應，發現在透明度下，不僅市場對聯邦基金利率目標變動的預期能力增強，而且預期時間進一步提前。透明度影響預期，這一點意義重大，政策利率只有觸動了期限較長的利率，才能對經濟變量產生重大作用，而中央銀行又唯有通過影響政策利率的市場預期才能作用於長期利率。市場能夠預期政策利率變動的時間提前越早，期限較長的利率的相應變動越大。預期形成的時間早晚非常重要，如果越早，在政策本身行動之前，市場關於政策行動的預期反應的經濟穩定功能可以發揮得越早。

（4）透明度有助於穩定金融市場。Rafferty, Tomljanovich（2001）使用美國1986—1999年的利率數據，檢驗了1994年后美聯儲的信息披露對市場效率、利率移動的不確定性程度的影響。結論顯示，FOMC的操作程序改變后，市場變得更加有效了。絕大多數到期日不同的利率，在信息披露時的波動減弱，同時市場的可預測性增強。雖然利率的波動減弱，可能部分是因為經濟環境更平穩，如沒有出現強商業週期，而不是因為透明度增加了對未來貨幣政策判斷的準確性。但是，即使更平穩的經濟環境解釋了利差的理論值與實際值之間的標準偏差率的下降，也難以認為，經濟環境的改善，提高了利差的理論值與實際值之間的相關性，或者說是1994年后的數據迴歸結果與有效市場假說更接近的原因。總而言之，沒有發現中央銀行隱密性支持者所持有的有力論據——市場會因透明度而起伏不定，相反卻證實了更多的信息有助於形成更有效的市場。

Campbell, Shiller（1991）利用美國的利率數據來考察收益率差與期限結構預期理論。根據預期理論，收益曲線描述了不同時期的利率構成，其形狀可以解釋為投資者關於未來利率的預期。典型的收益曲線向上方傾斜，亦即長期利率高於短期利率。當預期未來短期利率上升時，收益差為正值，長期利率大於當時的短期利率，收益曲線向上方傾斜；反之亦然。在長期內，收益曲線可

用來評價未來通貨膨脹的壓力：當收益曲線陡峭時，預示著未來通貨膨脹會提高，而當傾斜度減緩時，則通貨膨脹率將下降。因此，長期（2年以上）和短期利率之間的收益差可以用來評價反通貨膨脹政策的可信度。如果期限結構預期理論成立，則未來利率的理性預期就推動了當前長期利率的運行。Campbell, Shiller 運用 VAR 法，對期限結構兩端（both ends）的理論有效利差與實際利差進行對比，結果表明，理論與實際不吻合，「當利差大時，長期利率傾向於下跌，而短期利率傾向於上漲」。

二、透明度效應的實證方法介紹

實證分析中，可以用來測量中央銀行外生性政策的變量很多，如貨幣增長率、總準備金增長率、貼現率、短期利率、隔夜拆借利率等。如果市場有效，預料到的政策行動就會折射到經濟變量中，市場僅僅回應那些未預期到的政策行動。為了識別政策產生的經濟效應，所考察的政策工具必須分割成預期到的與未預期到的兩部分。下面借助 Poole, Rasche, Tornton（2002）的分析範式來闡述透明度效應的實證方法。

20世紀80年代末期，美聯儲開始以隔夜聯邦基金利率作為操作目標。因此，Poole, Rasche, Tornton 使用它測量美聯儲的政策行動，並用聯邦基金期貨利率的日變動評估有效聯邦基金利率目標中未預期到的變化部分，即前者是後者的代理變量；而聯邦基金期貨合約，是該合約到期月的平均的有效的聯邦基金利率的賭註，因此反應了市場預期的該月聯邦基金利率的平均水平，可以測量政策行動中的市場預期部分。

同時，他們假定市場意識到聯儲調整了它的基金利率目標。如果市場沒有意識到目標變動，對基金利率的預期就不一定是反應對聯儲政策工具的預期；即使市場意識到聯儲採取了某些政策措施，如改變了貼現率，聯邦基金期貨利率的變動仍然不一定折射「未預期到的基金利率目標變化部分」。同樣，如果市場參與者不知道目標已在某天改變，則當天的聯邦基金期貨利率變動就不

能用來度量基金利率目標未預期到的變化。1994年2月是FO-MC調整基金利率目標並立即宣布的開端,他們對1994年2月前后兩個時期分別進行了分析。

較長期利率對未預期到的目標變化的反應的迴歸分析顯示,市場利率(國庫券利率)對實際的目標變動反應顯著,說明市場要回應預期到的變化,這與有效市場假說不符,但與預期的期限結構理論一致,「意料中的利率變化,關係到對隨后幾個月進一步行動的預期」。較長期利率反應明顯,說明未預期到的基金利率目標變動促使市場修正比較遠期的基金利率預期。

使用期貨利率變動表示未預期到的目標變化,這種方法存在測量誤差。因為,即使基金利率目標未發生變化,卻因特殊的或其他衝擊造成聯邦基金期貨利率變動,導致迴歸估計值偏高,誤差還可能導致其他利率對未預期到的目標變化的反應估計值偏低。此外,這種分析範式要求市場知道聯儲改變了基金利率目標,否則,期貨利率的變動就不能反應未預期到的目標變化。這種情況適用於1994年前聯儲對目標變動不發表聲明的分析期。

為了解決上述問題,他們分別就3個月到30年存續期不同的國庫券利率,在1994年FOMC操作程序改變前后兩個時期,對未預期到的目標變化的反應進行了評估。結果發現,3個月期的國庫券(T-bill)利率在前后兩個時期的反應幾乎相同,但期限更長的利率,在操作程序改變后的反應程度和顯著性下降。較長期利率反應較小,是因為聯儲的長期政策意圖更加透明,市場可以更堅定地預測聯儲將在未來某時改變基金利率目標,但就改變的確切日期,預期卻不那麼堅定。如果只是目標變動的時間沒有預期到,相比之下,期限較短的期貨利率對聯儲目標變動聲明的反應會更強烈一些。

由於所有的前瞻性(forward-looking)利率對一般的信息,如改變市場參與者期限溢價(term premium)預期的信息,都會起反應,所以為了消除其他信息的影響,Poole, Rasche, Tornton在採取時間序列法的基礎上,結合事件研究法來識別基金利率目標中未預期

到的變動部分，逐例（case-by-case）分析市場評論「起訴」讓市場感到意外的重大的關於聯儲「有為」或「不為」事件。分析顯示，大多數情況下，市場參與者回應他們未預期到的目標變動，是為了修正至少兩個月後的基金利率預期；未預期到的目標變動越大，市場越有可能修正基金利率預期。

他們的研究顯示，「1994年之前，目標的全部變動都未被市場預期到」。1994年前，很少出現關於聯儲將在某個特定時間採取行動的市場普遍預期；即使出現，預期事件也並未如期發生。1994年後，市場預測目標變動的能力提高，這種局面部分是因為1994年後，聯儲基本上是在定期舉行的FOMC例會上調整目標；最大的意外來自休會期間（inter-meeting）的政策變化；而且1994年後，市場預測政策變動的時間更準，也更加提前。1994年以來，美國經濟處於驚人的穩定時期，貨幣政策透明度功不可沒。

第四節　適度透明度分析

透明度並非越高越好。有些情形下，透明度可能在取得可信性收益的同時付出靈活性成本；透明度還可能將中央銀行的信息優勢擠出，使中央銀行在穩定經濟時無法發揮信息策略作用；此外，透明度並非總能提高市場效率，如果公眾掌握的信息量過多，很可能招致投機不穩定，從而造成市場過度波動。所以，透明度存在適度或最優問題。

一、相關文獻

在Geraats（2000）的兩期模型中，若在政策實施之前披露正發生的經濟衝擊信息，會減輕通貨膨脹預期壓力而平息過高的均衡通貨膨脹。在產出穩定與通貨膨脹穩定之間的交替關係上，由於私人部門在第二期的預期誤差既引起產出波動，也招致通貨膨脹

波動,而完全透明度①制度最小化了這種誤差,讓中央銀行可以在第一期有效地對付經濟衝擊,無須顧慮第二期會產生不良預期影響。所以,穩定化政策在完全透明度制度下效果最好。

　　Faust,Svensson(2001)認為,貨幣政策高度透明,一般會改善社會福利。透明度提高,能夠減弱通貨膨脹傾向,減輕通貨膨脹波動、就業波動。他們的分析以 Barro-Gordon 模型為基礎,並加以修改,其中,中央銀行的就業目標不對外公布,並不斷按照特殊部分變動。就業目標特殊部分的變化,促使中央銀行蓄意背離已宣布的通貨膨脹目標。中央銀行不完全控製通貨膨脹,所以通貨膨脹結果由兩部分構成:中央銀行計劃部分與控製誤差。中央銀行決定控製誤差的披露程度,並由此表露它的通貨膨脹意向,從而讓公眾可以推斷它的就業目標。貨幣政策透明度,隨中央銀行展示控製誤差可觀測部分的比例的增大而升高。透明度制度分為三類:①最不透明類,在這種制度下,中央銀行的就業目標和意圖都觀測不到;②高度透明類,中央銀行的通貨膨脹意向可以觀測,但通貨膨脹意向透明度增加,使中央銀行聲譽對行為的敏感性增強,追逐高通貨膨脹政策的成本因而增大,實際通貨膨脹會降低;③「極度」透明類,中央銀行的就業目標和意圖都可以觀測到,在「極度」透明度制度下,中央銀行的行動不再傳遞額外的通貨膨脹傾向信息,其聲譽不再受行為影響,通貨膨脹傾向會重新抬頭,這樣不僅會導致通貨膨脹卷土重來,而且通貨膨脹波動和失業波動都將增大。

　　Jensen(2000)與 Faust,Svensson(2001)使用的信息結構類似,他假定:產出目標屬於中央銀行的私人信息。隨著中央銀行公布通貨膨脹控製誤差比例的增大,公眾推導產出目標的能力增強。相比之下,后者主要是考察中央銀行未來行為的可信性效應,而 Jensen 在模型中加進了新凱恩斯主義成分,即交錯價格調整和壟斷競爭,主要是分析本期內通貨膨脹的邊際成本。通貨膨脹的邊

---

① 完全透明度,指既公布通貨膨脹條件預測,又公布產出條件預測。

際成本,是中央銀行對通貨膨脹政策支付的成本,主要指它的聲譽損失。中央銀行背離其通貨膨脹目標的聲譽成本,隨透明度的增加而增加,因此,透明度強化了通貨膨脹目標的紀律約束和可信性。但是高透明度的合意性並非無條件,最優透明度要關係到靈活性與可信性之間的權衡。

「廉價磋商」「最優模糊度」理論提出,透明度排擠了中央銀行的策略優勢,並因此減弱中央銀行穩定經濟的能力。例如,Cukierman(2001)的分析表明,貨幣政策傳遞機制不同,透明度的社會福利效應也不同。傳統的新古典類(neo-classical)傳遞機制,依靠加入預期因素的菲利普斯曲線,即標準的 Barro-Gordon 模型,以隨機的盧卡斯供給函數為特徵;而最新的傳統新凱恩斯主義類(neo-Keynesian lines),則聚焦利率工具,中央銀行通過名義利率影響需求。中央銀行的私人信息與即將到來的供給衝擊有關,在「有限」透明度制度下,公眾調整了通貨膨脹預期后,中央銀行才披露衝擊信息;相反,在「完全」透明度制度下,這一信息在公眾預期形成之前釋放。

傳統的新古典類模型中,透明度大小只影響通貨膨脹的波動而不影響其平均水平。與完全透明度制度相比,有限透明度制度下的社會福利期望值往往更大,因為在完全透明度制度下,未預期到的通貨膨脹總是為0,中央銀行無法利用意外性通貨膨脹影響就業。在公布完全、不完全(含噪音)的中央銀行預測報告的假定下,該結論依然成立,但是若公布完全的預測,只影響政策效果的易變性,而摻雜噪音的公布還要影響政策效果的平均水平。

傳統的新凱恩斯主義模型中,貨幣政策不再無效,但是通貨膨脹預期對政策行為更敏感。由於加入了一般的工具規則,如果預測公布過早,穩定事前實際利率,或者通過利率來穩定產出缺口與通貨膨脹,就更需要名義利率的易變性。也就是說,實際利率的變動要求相應的名義利率的變動幅度更大。如果利率波動不加入社會損失函數,兩種透明度制度下的社會境況沒有差別;相反,有限透明度制度就比完全透明度制度優越。

二、透明度與貨幣控製的均衡

貨幣控製誤差可以掩蓋中央銀行的真實意圖。在某些時間，中央銀行特別看重就業，為了達到目標，會蓄意決定實行不完全的貨幣控製，以便利用意外性通貨膨脹政策增加產出。中央銀行改進對目標變量的控製，或者減少意圖方面的隱密性，都可以提高公眾的推斷能力，從而增加中央銀行動用意外性通貨膨脹的聲譽成本，強化對低通貨膨脹目標的承諾。

在 Faust, Svensson(2000)的分析中，「透明度」指中央銀行的意圖能被外部觀察人推測的程度。透明度越大，外界越容易判斷中央銀行的意圖是否與公布的目標一致，或者說中央銀行執行的特殊目標與公布的目標之間的偏離度。「控制度」指中央銀行計劃的政策效果與實際的政策效果相逢合的程度。中央銀行不完全控製通貨膨脹：

$$\pi = i + \eta \tag{3.3}$$

式中，π：實際通貨膨脹；i：中央銀行的計劃通貨膨脹率，它不是中央銀行的政策工具，政策工具一般容易觀測；η：0 均值控製誤差。

在透明度缺乏時，公眾觀測不到中央銀行的計劃通貨膨脹率，上式反應了一個現實特徵，即公眾的觀測結果並未完全顯示中央銀行的意圖。

中央銀行的偏好隨時變化，由於透明度缺乏，私人部門必須努力推斷它可能採取的行動。與現實相吻合的中央銀行「偏好」一般是：中央銀行持有明確的通貨膨脹目標與隱含、不可觀測、隨時變化的就業目標。

中央銀行在預期形成之前發表聲明 ξ。中央銀行完全知道自身的偏好，並掌握了全部衝擊的完全信息。私人部門觀測不到中央銀行的就業目標和計劃通貨膨脹率；在私人部門關於各個變量的預期值形成后，中央銀行觀測私人部門的預期值，並根據就業目標和供給衝擊決定計劃通貨膨脹率 i。

中央銀行發表聲明的方式：

$$\xi = \eta + \upsilon \tag{3·4}$$

式中，υ 代表噪音，其方差決定聲明的質量。

(3·4)式表示，中央銀行對最新的控製誤差說明不完全或表達不清晰，私人部門需要判斷已發生的意外性通貨膨脹，是由中央銀行故意引發還是由控製誤差造成的，他們利用判斷結果更新對中央銀行就業目標的估計。透明度公式：

$$T \equiv \sigma_\eta^2 / (\sigma_\eta^2 + \sigma_\upsilon^2) \tag{3·5}$$

式中，T：透明度。當 T = 1（最大透明度）時，$\sigma_\upsilon^2 = 0$，ξ 完整地顯示了 η；當 T = 0（最小透明度）時，$\sigma_\upsilon^2 = \infty$，$\xi$ 是不具有價值的信號。

中央銀行的就業目標越高，它選擇的通貨膨脹水平就越高。中央銀行反感自身聲譽項的方差增大，因為聲譽時好時壞，會經通貨膨脹預期的波動引起就業波動。

1. 透明度外生條件下，控制度的決定

控制度取決於控製誤差 η 的方差。在相機機制下，最大控制度（控製誤差的方差 $\sigma_\eta^2 = 0$）是唯一的均衡。從直觀上講，在 t 期的期初，中央銀行在反應函數中增加 0 均值噪音的做法，不可能改善它在平均通貨膨脹與就業方面的境況。噪音不僅不見效，反而加大了 t 期通貨膨脹和就業的方差而損害了中央銀行。類似地，在 t 期內，政策決策加入 0 均值噪音也不會改變平均的未來聲譽值，僅僅增大未來聲譽值的方差，這對中央銀行也是有害無利。

Cukierman, Meltzer（1986）認為，如果中央銀行不在乎就業波動，甚至對由控製差勁引起的就業波動也無所謂，就會完全漠視噪音水平，發送私人部門預料的任何噪音值，從而造成就業、通貨膨脹的任意波動。若中央銀行接受承諾機制，即在不知道經濟變數狀態下一次性選定控製誤差，它一般是選擇方差 > 0 的控製誤差①。這種正噪音均衡出現，是因為噪音降低了公眾獲悉就業目

---

① 任意控製誤差的方差 ≥ 0 的值都是均衡點。

標的速度,一旦意外性通貨膨脹發生,公眾更有可能歸因於噪音,因而對就業目標估計值的修正會做到更有節制。若就業目標持續走高,中央銀行就可以從持久性的一連串意外性通貨膨脹中獲益。

但是,上述控製誤差均衡在承諾機制下難以成立。這些均衡依賴一個假定:中央銀行能夠對第二位政策契機,即政策調整作出承諾,對第一位政策契機,即一般性政策行為卻不能。然而,常常被看作有利於作持久性承諾的各種因素卻更適合第一位政策契機。因為事後要證實中央銀行是否在按它承諾的非隨機規則反應,相對容易一些,但要瞭解中央銀行製作的噪音變異是否適度就難得多。若中央銀行打算並能夠不忠於它的政策規則承諾,似乎更有可能在政策規則上添加噪音變異。

噪音控製也可以由操作程序滋生(Goodfriend, 1986)。但操作程序選擇,如選一個差的仲介目標,並不能完全決定噪音水平。中央銀行可以相機使用很多技法,這些技法都可以改善控製,如在預測上下功夫,改進數據的編製、分析等。局外人要證實中央銀行是否選擇了這些技法具有一定的難度,加之存在促使中央銀行暗中改善控製的激勵因素,所以噪音控製均衡極其不穩定。一種特殊的蓄意噪音控製是承諾一種不恰當的仲介目標,如貨幣增長目標、匯率目標。德國聯邦銀行重視貨幣目標的做法,最初被視為這方面的典範,但許多人最終認定,它只是在言辭上奉行貨幣目標,在行動上卻是以通貨膨脹為目標,這就是例證,說明了難以持久地承諾一種低劣的操作程序。

所以,對控制度的選擇而言,與承諾機制相比,相機機制更符合現實。在相機機制下,中央銀行只有無視噪音控製所招致的隨機結果,才會奉行一種包含隨機成分(將噪音加入控製或聲明中)的策略。這源自博弈論的一般原理:一旦需要按隨機數據生成機制行事,若一些結果可以取悅他人,中央銀行就會採取欺騙手段。因此,若中央銀行的損失隨實現了的控製誤差的變化而變化,故意採取拙劣的控製就不可能出現在均衡狀態中。在相機機制下,

最大限度的控製是唯一的均衡。

2. 內生性聲明和透明度的決定

中央銀行的聲明是控製誤差與噪音的結合,見(3·4)式。透明度 T 由聲明 ξ 與控製誤差 η 之間的相關性經平方化處理而得到,見(3·5)式。相關性值越大,即信號對噪音的比率越大,私人部門推斷中央銀行的意圖就越準確。

與控製誤差噪音相比,透明度的承諾機制是一個更微妙的問題。現實中明顯存在兩種透明度承諾機制,一種是加強對低透明度的承諾,如美聯儲和其他中央銀行,它們精心制定了隱密性與信息釋放的內部規則,並制定了相應的關於信息洩露的法律和行政處罰機制。在每一期 t,中央銀行儘管都可能存在激勵,想頒布一次性打破這些規則的規定,但這種規則劇變卻受到立法、行政的約束。

另一種是對高透明度的承諾。目前,主要是以通貨膨脹為目標的中央銀行,如新西蘭儲備銀行、英格蘭銀行、瑞典銀行,它們定期發布高質量的「通貨膨脹報告」。雖然編製報告需要大量的資源、組織和規劃,但定期發布通貨膨脹報告的制度可能難以取消,進一步來說,一旦該制度運行起來,中央銀行突然將之擯棄,就是十分惹眼的行為,會給它的聲譽帶來嚴重的后果,甚至可能驚動立法機關。

假定在標準損失函數條件下,中央銀行不知道經濟狀態,一次性選定透明度 T,Faust,Svensson 研究發現:① 79.5% 的中央銀行偏愛最大透明度(T=1),而 18.6% 偏愛最小透明度(T=0),居中的占 1.9%。②容忍型中央銀行不具有平均通貨膨脹傾向,它們總是青睞最小透明度。一般來說,容忍型中央銀行幾乎不具有通貨膨脹傾向,它們屬於通貨膨脹厭惡型。這類銀行之所以偏愛隱密操作方式,是因為從完全透明度開始,透明度的邊際減少,會引起平均通貨膨脹的邊際遞增,從而給中央銀行帶來損失。在一切其他條件相同時,透明度降低,掩飾了中央銀行的動機,這一般會激發中央銀行實施意外性通貨膨脹,而且均衡的平均通貨膨

脹一直上升到抵消意外性通貨膨脹產生的收益,均衡狀態才會出現。

中央銀行的損失貼現因子越大,對低透明度的偏愛越強。聲譽效應是一種懲罰機制,貼現因子越大,這種機制的效力越強。中央銀行每期都相機選擇其計劃的通貨膨脹,貼現因子趨於1,最大化了中央銀行聲譽的未來成本與收益的相對權數,這種情況下,中央銀行每期的行動,相當於是在承諾機制下最小化無條件損失函數。若公眾具有更有效的針對意外性通貨膨脹的懲罰機制,就不需要對透明度的減少作出反響,即在事前不必阻嚇中央銀行不產生一般的意外性通貨膨脹傾向,而可以利用事後聲譽降級的方式進行威懾,這樣透明度降低產生的邊際成本就會減少。因此,對大多數中央銀行來說,最好是實行隱密操作方式。

承諾範式最適合透明度。在承諾機制下,對不具有通貨膨脹傾向的中央銀行來說,最小透明度是唯一的均衡。最大透明度更可能出現在平均通貨膨脹傾向比較高的情況,如當政治因素提高了中央銀行的貼現率時。

控制度和透明度內生選擇的結論會因一些假設條件,如損失函數的詳細規定、承諾機制、可利用的策略不同而異。相機機制更適合控制度的選擇,而承諾機制更適合透明度的選擇,兩相結合,必然就是實際中觀察到的情形:實行最小透明度的中央銀行採取最大可能的控製。德國聯邦銀行和美聯儲就是明證。在通貨膨脹控製上,德國聯邦銀行在戰後的表現簡直是一部傳奇;美聯儲自20世紀80年代中期以來也表現出類似的強勁,但它經歷的卻是低透明度。德國聯邦銀行的貨幣目標框架表面看來屬於透明度模式,一些學者如 Neumann, von Hagen, Bernanke, Mihov, Clarida, Gali, Gertler 等卻斷定,在通貨膨脹目標與貨幣目標發生衝突時,它的政策會優先考慮通貨膨脹控製。因此,Svensson 認為德國聯邦銀行貨幣政策框架實質上仍是以通貨膨脹為目標,執行的也是低透明度制度。

從實際情況看,新興的通貨膨脹目標制高透明度中央銀行,

如新西蘭儲備銀行、英格蘭銀行,其高透明度是由政府強加的,即屬於外生的;而另一些如瑞典銀行等,則自願以漸進方式建立高透明度制度。在這些國家,歷史上的平均通貨膨脹傾向高到足以支撐最大透明度均衡。

三、可信性與靈活性的平衡

由於主要的經濟總變量都具有前瞻性(forward-looking),所以政策行為預期是決定最優透明度的重要因素。前瞻性變量①的特徵是:它現在的實現值是其預期的未來值的函數。如果貨幣政策操作在高透明度下進行,公眾對未來的政策及相應的經濟狀況的預期反應會更強烈,因此,貨幣政策對現在的經濟總量產生的作用自然會更大;反之亦然。

當發生中央銀行的產出缺口偏好衝擊時,如果缺乏透明度,私人部門會觀測不到。同時,他們也觀測不到政策制定中的「控製誤差」。因此,私人部門在形成未來通貨膨脹預期,並進而決定當前通貨膨脹時,只能不完全地推斷中央銀行的真實意圖。例如,突如其來的經濟繁榮,既可能由擴張性控製誤差也可能由高產出偏好值引起,而高偏好值暗示中央銀行將要採取相對擴張的政策,如果相信它是事實,顯然,預期的未來通貨膨脹就將上漲。信息披露得越多,私人部門就越容易領悟、推斷出中央銀行的真實意圖。

透明度越高,預期對中央銀行的行為越敏感,這意味著中央銀行策劃的需求的邊際成本(即通貨膨脹)增加。結果,與產出缺口目標相比,中央銀行會更看重它的通貨膨脹目標。所以,若中央銀行的通貨膨脹可信性差,高透明度是有利的;相反,若已經享有了低通貨膨脹可信性,透明度就只會將政策扭曲。因為,在對產出缺口穩定與通貨膨脹穩定的最優平衡中,中央銀行會過分厭

---

① 前瞻性變量,包括匯率、債券利率、資產價格、耐用品價格、通貨膨脹預測值等。

惡通貨膨脹，即 Rogoff 所說的「保守」。所以，最優透明度一般要涉及可信性收益與靈活性損失之間的替代。

　　Jensen(2002)利用兩期博弈模型分析透明度產生的可信性收益與靈活性損失。在兩期模型中，1 期代表「現在」，2 期代表「未來」。在 1 期所作的決策，主要是針對即將到來的問題，而 2 期決策僅作用於「長期」對象。貨幣政策，關係到通貨膨脹穩定和產出缺口穩定，並因價格黏性而產生真實效應。Jensen 模型的理論基礎是新凱恩斯主義「菲利普斯曲線」，強調前瞻性行為，價格由壟斷競爭廠商決定，並假定是交錯調整。廠商採取前瞻性行為，是因為他今天被「允許」調價，緊接著的下一期就可能沒有機會，為了最大化當前和未來預期的實際利潤，對他來說，預期未來的一般價格水平就相當重要。由於假定是不完全競爭，因此自然率產出無效，中央銀行追求正的產出缺口目標。此外，由於政府或「第三院」集團施加政治壓力，中央銀行的產出缺口目標是隨機的。假定中央銀行的信息披露是可靠的，不存在策略性的信息誤傳，在 1 期政策操作后，價格調整者從中央銀行發表的公開聲明或報告中獲得一些衝擊信息。顯然，公眾知道控製誤差越多，推斷中央銀行的政策意圖越準確。

　　假定中央銀行相機行事，即它在博弈開始之前，沒有能力承諾任何特別的政策計劃。事件的時間安排，即博弈順序是：在制定決策之前，自然決定初始狀態；隨后從 1 期開始，發生成本衝擊和影響中央銀行產出缺口目標的衝擊；接著，中央銀行決定 1 期的計劃需求，控製誤差變現和實際需求實現；之后，中央銀行披露部分控製誤差（其披露程度由透明度決定），價格調整者預期下一期的通貨膨脹率並調整價格，從而決定 1 期的通貨膨脹；進入 2 期，中央銀行決定需求，價格調整者制定價格，從而決定 2 期的通貨膨脹。在 1 期，信息不對稱是關鍵，即價格調整者不知道偏好衝擊值、政策意圖和部分控製誤差。

　　最優透明度的判斷標準是信息不對稱下的社會損失。Jensen 認為，最優透明度取決於初始可信性、獨立性、穩定化需要這 3 個

因素。通貨膨脹預期超過目標水平會引來可信性問題。獨立性以中央銀行的產出目標偏好值的方差(σ_θ^2)倒數量化,目標偏好值的方差大,說明中央銀行在調整產出目標上受外界支配的壓力大。穩定化需要程度以「成本推動」類衝擊的方差(σ_ε^2)量化。

享有初始可信性的中央銀行,其產出目標與通貨膨脹目標的相容性比較大(more compatible)。此時,透明度的主要作用,是避免目標偏好飄忽不定而引起政策無常變化。平均通貨膨脹已不成問題,制度安排無須考慮,所以最優透明度越高,說明 σ_θ^2 越大,即中央銀行的獨立性越小。在 σ_θ^2 給定的條件下,最優透明度隨穩定化需要程度的增大而遞減,穩定化需要所引起的最優透明度的減少量越小,σ_θ^2 越大。因為,σ_θ^2 大,說明宏觀經濟的波動主要來源於政治壓力,而通貨膨脹衝擊在全部社會損失中只占相當小的部分。

中央銀行若初始可信性差,會在政策操作上造成過高的平均通貨膨脹,因此需要透明度促使它更多地關注通貨膨脹目標。若可信性問題比較溫和,平均通貨膨脹就不是壓倒一切的問題,這時不論獨立性與穩定化需要如何,最優透明度都為0。透明度會迫使中央銀行操作緊縮性政策,造成經濟衰退,所以在可信性問題相對溫和時,透明度所引起的產出損失不能超過通貨膨脹減少的收益。

若可信性問題惡化,透明度可以產生效力。當可信性比較糟糕時,均衡通貨膨脹率將超過透明度的產出損失小於其通貨膨脹收益下的通貨膨脹水平,過高的通貨膨脹便成為制度安排的首要問題,因此有必要執行透明度。但若 σ_θ^2 比較大,對透明度的需要程度就相對要小一些,因為在貨幣政策巨大的政治壓力下,中央銀行的行動將引起通貨膨脹預期的強烈反應,這時中央銀行的行為本身可以清晰地指示未來的政策,私人部門信號提取中的噪音因此相對要少一些,結果,不論透明度如何,中央銀行都將被迫更

多地注意通貨膨脹目標,從而減輕可信性問題①。

穩定化需要增加,一般都要減少最優透明度。但是,最優透明度對 σ_ε^2 的敏感度常常較小,因為當可信性問題嚴重時,透明度造成的(最適度)衰退程度深,產出損失成為了主要的社會成本,相對來說,通貨膨脹衝擊造成的波動影響要小一些。

上述最優透明度結論具有一個重要前提:即將模型中的 1 期理解為短期,2 期理解為長期;在評價社會損失時,給長、短期都賦予了相等的權重。若將模型擴展成無限型,在最優透明度的評價中,就會將比較小的權重分配給產出收縮這種短期損失。這很可能在兩個方面改變結論:首先,即使可信性問題溫和,最好還是要有些透明度,因為就產出收縮而言,0 透明度的最優性幾乎不影響社會損失;其次,當可信性問題惡化時,最優透明度對 σ_ε^2 的敏感性將有可能增強,因為初期的產出收縮幾乎不構成社會損失,相反,穩定化政策的扭曲卻在每期均發生,若 σ_ε^2 增大,最好是大量減少透明度。所以,在擴展式模型中,透明度的可信性收益與靈活性損失之間的交替問題可能更突出。

敏感性分析表明,如果更看重透明度引起的損失,如產出下降、產出過分波動等,最優透明度應減少。通貨膨脹對產出的敏感性越強,降低通貨膨脹導致的產出損失會越少,並且在穩定通貨膨脹衝擊中產生的交替也相對有利一些。因此,高透明度的損失比較小,相應地,最優透明度越大。此外,若控製誤差的方差較大,則透明度必然越大越好,高透明度可以抵消信息中添加的噪音。

總之,在透明度下,預期對政策行為會更加敏感,這必然迫使中央銀行更多地關注通貨膨脹的穩定。因此,政策制定的透明度越大,通貨膨脹一般會與它的偏好值更接近;但是,現在的產出可能下降到不能容忍的低水平,並表現出過大的由通貨膨脹衝擊引發的波動。

---

① 這明顯與政治壓力本身是主要問題的情形不同,若政治壓力本身是主要問題,如同中央銀行享有可信性那樣,最優透明度隨 σ_θ^2 的增加而遞增。

小結

透明度絕非「免費的午餐」越多越好，為達到政策目的而利用的公共信息是一把「雙刃劍」。透明度效應，在理論上可以區分為「不確定性效應」與「激勵效應」，從社會福利來看，這兩種效應既有積極的一面，也有消極的一面。一方面，透明度可以減少不確定性和預測誤差；作為一種「新」貨幣政策工具，它可以不費成本地調節市場預期，並對中央銀行進行聲譽約束等。另一方面，透明度也帶來一些負面影響，除第二、三章的零星分析外，負面影響還表現在：

首先，私人部門有可能對公共信息產生過度反應。因此，任何莫須有的公共信息，或者錯誤的信息披露都會造成損害，更有甚者，一旦公共信息在盛行的「輿論氣候」中盤踞，它就開始顯現自身的生命力，壓制個人的私人信息，並瓦解市場機制根據經濟原則聚集和散布信息的渠道。

其次，透明度產生觀點改變成本。如果中央銀行必須修正它的經濟觀點，在透明度下，這種修正支付的成本會更高。成本表現為效率損失：①中央銀行修正觀點的做法會被社會認為是能力弱的表現而招致批評，即使這種批評或許不公平，也會在一段時間內給中央銀行的可信性帶來負面影響；②如果中央銀行對以前掌握的信息有了新認識，政策因此需要變更，但過去不成熟的信息披露已引發私人部門的行為調整，這些調整是成事不足，敗事有餘，造成了效率損失。

最後，透明度增加，引致前瞻性預期增加，繼而產生短期穩定問題。透明度是決定私人預期及中央銀行決策的關鍵因素。在接近完全透明度時，通貨膨脹預期對中央銀行的行為尤其敏感，因此中央銀行會給予通貨膨脹穩定至高無上的優先權。一旦控製誤差或政治壓力使通貨膨脹偏離了目標，為了穩定通貨膨脹，

中央銀行必須執行緊縮性政策,將過多的通貨膨脹擠出,這種緊縮性政策,可能不被看重產出穩定的社會接受。而且由於優先權給予了通貨膨脹穩定,任何通貨膨脹性衝擊都將全部轉移到產出缺口上,這種產出通貨膨脹波動平衡,會為社會所不容。

總之,透明度的福利效應,將取決於時間不一致性程度、短期穩定性、中央銀行獨立性和可信性等要素,一般主張實行有限透明度。例如,中央銀行必須讓大眾知道它以通貨膨脹為目標,但可以決定是否說明這個目標是多少,或者允許存在一定的模糊性,即只給定一個區間而不是一個具體的目標水平,甚至只簡略地說它希望維持「低」通貨膨脹而不指出「低」的確切涵義。政策制定是一門科學,也同樣是一門藝術,或許一個可接受的通貨膨脹區間比一個根本達不到的目標水平更透明,何況如果貨幣政策由集體決定而不是個人,「低」的涵義也常常達不成一致意見。

第四章

貨幣政策透明度依據之一：
時間不一致性(經濟依據)

時間不一致性假說指出,一旦經濟主體的決策整合了通貨膨脹預期,即預期鎖定后,政策制定者便具有引發高於預期水平的通貨膨脹率的激勵,利用這種「意外通貨膨脹」,他們可以一時獲得高於「自然」水平的產出。

但是,通貨膨脹會造成相對價格分散。在每期,不是所有的價格都可以調整。當平均通貨膨脹為正時,與剛調整的價格相比,在幾個時期內保持固定的價格會降低。所以,相對價格分散將導致一些生產和消費發生無效變化。如果中央銀行能保證絕對沒有必要調價,則可以消除價格分散,換句話說,如果名義扭曲是價格黏性,則最理想的辦法是執行價格穩定政策,使黏性變得無關緊要。

現在,無論是工業國還是新興市場經濟體,價格穩定[①]都是貨幣政策的首要目標。要維持低通貨膨脹,做到更廣意義上的經濟穩定,價格穩定承諾是關鍵。最近幾年,透明度制度開始興起,這正是汲取了時間不一致性假說的教益,並說明日益關注預期、可信性問題。時間不一致性假說強調,可信性缺乏,以及沒有能力承諾在高通貨膨脹事件中扮演了主角,因此,應當限制政府在貨

[①] Greenspan(1989)將價格穩定定義為:價格水平足夠穩定,以至於在關鍵性的經濟決策中,與一般價格水平變化相關的預期,不會成為主要的考慮因素。

幣政策日常操作中的作用。政策可信性增加,通過影響私人部門的通貨膨脹預期,而改善產出與通貨膨脹間的短期交替關係。

第一節　貨幣政策的時間不一致性

經濟學家一般都贊成:通貨膨脹損害增長;而成功的貨幣政策,在培育低通貨膨脹的同時不招致大的產出損失,這樣的政策要求要具有「可信性」。貨幣供應可以通過不兌現紙幣(by fiat)的發行擴張到任意水平,可信性意味著,私人部門相信貨幣政策制定者不會利用紙幣本位與生俱來的彈性去獲取短期產出收益。

一、時間不一致性

當前政策的影響,通常是由公眾對當前或未來政策的預期決定的。私人部門在進行當前決策時,如確定名義工資、名義價格,只有在對政策理性預期的基礎上才能達成一致意見。如果政策表現依據的是某種系統性規則,私人部門就可以利用這一規則來確定未來政策的理性預期,相應地,經濟中來自政策面的不確定性也會少一些。但是時間一致的政策並非就是最優的。

一項政策在制定時是最優的,在執行時卻由於經濟環境已發生變化,如發生了無法預知的衝擊,而失去了最優性,政策制定者就沒有積極性真正要實施這項政策,而是採取相機策略,重新選擇在新情況下的最優政策。這種現象稱為政策的時間不一致性或動態不一致性。政策制定者實際確定政策時所面對的激勵因素是政策時間不一致性問題的本質所在。

時間不一致性假說由 Kydland, Prescott (1977) 創造,並由 Barro, Gordon (1983) 完善。他們運用動態博弈模型對貨幣政策的時間不一致性進行了分析,模型中,博弈的參與人包括政府與私人部門,私人部門選擇預期的通貨膨脹率,政府在給定預期通貨膨脹率的情況下選擇實際的通貨膨脹率。由於市場的扭曲,如

工資價格黏性、不完全競爭等,使得自然失業率下的產出低於政府認為的理想水平,即政府認為自然失業率太高,或者是政府受到選民的壓力不得不著手將產出提到高於自然率的水平。儘管通貨膨脹是有成本的,政府並不喜歡,但如果通貨膨脹能實現政府希望得到的產出水平,它會容忍某種程度的通貨膨脹。也就是說,政策制定者想利用菲利普斯曲線上產出與通貨膨脹之間的短期交替性,因而出現了貨幣政策的時間不一致性。由於只有未預期到的通貨膨脹才能影響實際產出[1],因此中央銀行是在給定私人部門通貨膨脹預期的情況下選擇貨幣政策,選擇實際的通貨膨脹率。也就是說,中央銀行的反應函數形式是:選擇的政策工具,如貨幣供給增長率、利率,是私人部門預期的通貨膨脹率的函數。

最初的時間不一致性模型沒有考慮明顯的政治壓力或政治激勵因素對貨幣政策操作的影響,而現在的分析,一般都要引進民主政治過程(選舉)和理性的政治各方(政客、黨派、利益集團)。

在阿萊西納等人的兩黨制政策模型中,假定正臨近的大選結果是不確定的,且各黨派的經濟政策不同,因此選舉以后的通貨膨脹情況將取決於哪一黨派獲選。這種政治經濟週期假說認為,政黨會利用貨幣政策來獲得自己意願的通貨膨脹率,並且由於選舉結果是無法確切預測的,所以在選舉之后會出現意外通貨膨脹。瓦什與沃勒爾曾分析中央銀行政策委員會成員的任命過程,如何影響黨派政治因素轉化為貨幣政策結果。如果政策是由一個任期重疊但不完全重合的成員組成的委員會制定,則政府變更帶來的政策變化的影響會減少。在兩黨制下,由執政黨提名任命的人也須得到在野黨的認可,所以隨著選期的日益臨近,執政黨越會提名這些更中立的候選人。延長中央銀行委員會成員的任期,也可以減少黨派在貨幣政策制定中的影響。

福斯特用世代交迭模型,解釋 FOMC 中包含有政治性任命者

---

[1] 其原因在於交易費用的存在阻礙了私人部門隨時調整工資與價格。

和非任命成員①兩類的委員結構。通貨膨脹具有分配效應,如果貨幣政策由多數決定,則由於占多數的年輕一代總是試圖從老一代那裡轉移福利,結果勢必會帶來過度通貨膨脹。因此,如果將政策制定委派給一個由年輕人與老年人各派一位代表組成的委員會,就可以解決通貨膨脹傾向。像 FOMC 這種組織形式的優越之處是,將責任委派給委員會,其各種政見的相對平衡不同於投票公眾整體。

雖然經典的時間不一致性問題不排斥民主,但是大量的政治經濟原因決定了政治家會隨時出現時間不一致性行為,事後的激勵足以產生起反作用的政策和帶來無效的高通貨膨脹。例如,政治極度不穩定可以縮短領導人的在任時間,從而削弱他們的事前承諾能力。

二、時間不一致性假說的信息結構

時間不一致性假說的信息結構包含了兩種信息不對稱。首先,假定私人部門的各種名義合約簽訂在先,中央銀行對名義貨幣供給增長率或利率的制定在后。這意味著,中央銀行存在著令私人部門出其不意的機會,一旦私人經濟主體鎖定名義合約,預期既定后,中央銀行就可以改變其行為方式。其次,假定中央銀行可以對正發生的供給衝擊作出反應,而公眾則是在觀測到這一衝擊之前訂立了各種合約。這表明中央銀行具有信息優勢,同時也說明政策決策遠比大多數工資和價格決策頻繁得多,中央銀行可以在私人經濟主體有機會修正所有名義合約之前對經濟衝擊作出反應。

三、時間不一致或相機貨幣政策下的通貨膨脹傾向

貨幣政策的時間不一致性表明,儘管實現低通貨膨脹率可能是最優的,但這樣的政策卻不是一致的。如果公眾預期了一個低

---

① 前者指理事會理事;后者指區域聯邦儲備銀行行長。

通貨膨脹率,中央銀行就將面臨更高比率的通貨膨脹激勵;另一方面,公眾清楚中央銀行這一動機,同時確信政策制定者必將屈服於這種激勵,因而能夠準確地預測出一個比較高的通貨膨脹率。

在時間不一致即相機貨幣政策下,通貨膨脹傾向不可避免。首先,私人部門的預期一經確定,中央銀行就會產生通貨膨脹動機;其次,中央銀行沒有能力事先承諾一個 0 平均通貨膨脹率。因為,如果它宣布將執行 0 通貨膨脹政策,而公眾也相信,於是有 $\pi^e = 0$,而從第二章的兩種中央銀行反應函數可以看出,中央銀行遵循的最優政策應當是設定 $\Delta m > 0$,使平均通貨膨脹率的值為正。因此,中央銀行的政策聲明無法令人相信,而且在 $\pi = \pi^e = 0$ 的條件下,略微啟動一點通貨膨脹的邊際成本為 0,而線形目標函數表示的邊際收益 $\alpha\lambda > 0$,或二次函數表示的 $\alpha\lambda k > 0$,即邊際收益大於邊際成本,中央銀行具有違背承諾的激勵。

相機政策下的社會境況顯然會越來越糟糕,社會不僅要承擔一個正的通貨膨脹水平,同時在產出業績上也毫無系統性的改善。

四、通貨膨脹低、穩定的福利涵義

商品的「價格」,反應了生產該商品所消耗的資源數量。如果所有的商品的價格相等,對總體經濟來說,滿足消費最優的條件是:每種商品的消費量相等。如果個別廠商之間的技術分佈均勻,並呈現非遞增的規模收益特徵,達到生產最優的條件是:每種商品的生產量相等。在分散均衡中,只有所有的商品的價格相等,才能夠實現生產消費最優。在交錯調價行為下,廠商不經常、也不同時調整價格,因此,通貨膨脹必然改變商品的相對價格,產生無效的生產消費組合。按相同的邏輯,產出缺口的變化,將引起今天的商品與明天的商品之間的相對價格無效變化。社會要獲取最優結果,有兩種途徑:一是依靠完全價格靈活性;二是依靠完全價格剛性,只要政策制定者調整利率使經濟一直運行在有效

的潛在產出水平上。顯然,這兩種途徑都只是「空中樓閣」。現實中,要維持低的、穩定的通貨膨脹,還必須有賴於中央銀行執行價格穩定政策。

低的、穩定的通貨膨脹可以助長經濟業績。通貨膨脹波動減輕,可以顯著減少絕對價格變化與相對價格變化之間的混淆,市場參與者分清這兩種變化的能力提高,可以使總產出更加穩定。通貨膨脹低、波動越小,還能夠減少長期利率的通貨膨脹風險升水,從而降低利率水平及波動性。

在短期,中央銀行只有通過長期通貨膨脹預期渠道才能影響價格走勢。如果公眾不相信價格穩定目標,貨幣政策就會出現許多麻煩,其中之一是,政策制定者的時間不一致性行為引發的政策可信性問題。

五、通貨膨脹目標透明度有利於價格穩定的維持

宣布明確的通貨膨脹目標的好處之一是,可信性容易測量。貨幣政策沒有清晰的目標,或目標涵義模糊,可信性因此就不確定、不可觀測。可信性是指「言行一致」,「如果人們相信中央銀行會按照它所說的去做,那它就是可信的」(Blinder, 1999)。若存在已宣布的政策目標,可信性就可以濃縮成與該目標一致的私人預期。要是私人通貨膨脹預期偏離了通貨膨脹目標,無論是向上偏離還是朝下偏離,都表明可信性缺乏。可以通過調查,或是用名義和實際收益曲線對通貨膨脹預期進行量化、估值,因此,可信性的程度能夠測量。如果貨幣政策具有可信性,則通貨膨脹波動、產出波動與工具波動之間的替換會更有利一些,經濟也因此可以自行長久地良性運轉,無需人為的政策引領。

在傳統的通貨膨脹決定模型中,通貨膨脹由通貨膨脹預期和成本決定,而成本取決於產出缺口或失業。若通貨膨脹預期給定,貨幣政策就主要通過作用於實體經濟來影響通貨膨脹。若實行明確的通貨膨脹目標,可信性就意味著未來大約兩年或兩年以上的通貨膨脹預期穩定,並貼近通貨膨脹目標。與「通貨膨脹恐

慌」(Goodfriend,1993)或通貨膨脹預期振蕩不已的情形相比,透明度、可信性解除了通貨膨脹的一個重要干擾來源,並建立起通貨膨脹自我迴歸目標這樣的機制,而通貨膨脹迴歸在政策上卻是相當難以駕馭的。一旦通貨膨脹自我迴歸目標機制產生,就很少需要貨幣政策作用實體經濟來維持貼近目標的通貨膨脹水平,中央銀行的通貨膨脹目標也可以更容易實現。

利率傳遞機制理論認為,短期名義利率這個貨幣政策工具影響實體經濟。由於通貨膨脹預期呈黏性,所以短期名義利率影響短期實際利率,對未來短期名義利率與通貨膨脹的預期,影響它們更長時期的實際水平,這些又反過來對實體經濟產生影響。若通貨膨脹預期穩定在通貨膨脹目標周圍,就可以將上述傳遞鏈條中一個重要的干擾因素清除,而且短期名義利率對短期實際利率的作用也更直接和穩定。例如,如果發生了使通貨膨脹上漲的衝擊,則需要提息,與通貨膨脹預期也上升相比,在通貨膨脹預期穩定時,為了達到短期實際利率的一個既定上升水平而需要將短期名義利率提高的幅度將更小。因此,為了實現實體經濟既定的變動水平,需要的政策工具移動幅度更小,這改善了產出波動與工具波動之間的替換關係。

透明的、適度為正的通貨膨脹目標,還有助於避免通貨緊縮和流動性陷阱。當經濟跌入流動性陷阱,流動性充斥而遭厭棄,名義利率為0,貨幣政策無效。從費雪(Fisher)方程式可以得出,通貨膨脹預期值等於名義利率減去實際利率。如果名義利率為0,通貨膨脹預期值就是實際利率的負數。若實際利率為正,就產生了通貨緊縮預期。在穩定狀態下,實際通貨緊縮與預期通貨緊縮一致。0名義利率意味著名義債券與貨幣得到相等的實際收益,所以超過交易餘額的貨幣成為債券的完全替代品,私人部門不在乎是持有債券還是持有超額貨幣。公開市場的擴張性操作,即中央銀行買入債券,投放基礎貨幣,對名義的實際的價格、數量都沒有影響,只是私人部門持有的基礎貨幣量增加,債券持有量減少。

私人部門相信流動性陷阱將持續,這是流動性陷阱一個不容忽視的方面。流動性陷阱是通貨緊縮與通貨緊縮預期等於實際利率這樣一種狀態,因此,關鍵是要防止通貨膨脹與通貨膨脹預期下降到這個水平。也就是說,中央銀行需要將通貨膨脹和通貨膨脹預期維持在安全地帶,一旦越過警戒線,就要及時作出反應。為此,可以執行清晰的通貨膨脹目標,通貨膨脹目標透明度能夠產生政策可信性,將通貨膨脹預期穩定在目標附近。這個通貨膨脹目標是對稱的,中央銀行在面臨通貨膨脹朝下的風險時,將與面臨向上的風險那樣,斷然採取行動。在很大程度上,正如Krugman(1998),Posen(1998)強調的那樣,逃脫流動性陷阱的關鍵是要恢復市場信心,驅除私人部門的通貨緊縮預期,因此,除了公布一個可信的通貨膨脹目標外,建立通貨膨脹預測發布、通貨膨脹報告等整個制度框架,是一種更為嚴肅的承諾。

第二節 透明度與相機決策、規則

時間不一致性假說,以通貨膨脹和失業之間的替代性為主要特徵,闡明了一個原理:若中央銀行採取相機策略進行連續幾期的政策制定,其結果,不僅產生了高通貨膨脹,而且失業率並不比低通貨膨脹下的失業率低。要解除通貨膨脹傾向,中央銀行可以放棄相機決策,對政策規則作出承諾。在所有的跨時環境中,同時期的個人行為取決於預期的未來政策,如果奉行規則,政策的不確定性將會減少,可預測性提高。早期提出政策規則觀點的人物以 M. Friedman 為代表,他指出,政策制定者並不清楚貨幣政策作用的效力和時間分佈,並且貨幣政策產生效應,要經歷長的、多變的時滯,所以相機微調的結果是放大而非縮小經濟的波動。

一、相機決策與規則

在 20 世紀 70 年代以前,「規則」指的是貨幣存量的數量不因

現實狀態的變化而變化,即貨幣存量按一個固定比率增長。現在,「規則」更一般的是指,貨幣政策一經確定,在將來就保持不變。因此,「規則」意味著對未來的提前承諾,這種承諾是政策可信性的根本,它關係到最優政策能否保持一致性。如果不存在這樣一種承諾機制,政策制定者就將可能背離最優政策規則。Woodford(1999)建議,要達到一定的透明度,政策制定者應遵循政策規則,「如果中央銀行不遵循系統性規則,則在透明度上作再多的努力也是枉費心機,即無法令公眾理解和預測它的政策」。

迄今為止,理論上提出的承諾方案有:①最優反應函數承諾。但這種辦法不具有現實性,尤其是對任何實際問題來說,最優反應函數很複雜,並且在實踐中不可證實,所以,要作承諾很困難,甚至根本不可能。②簡單的工具規則[1]承諾,這被視為一種折中的辦法。簡單的工具規則可以證實,承諾在原則上也可行。但是,現實中,並沒有中央銀行承諾簡單的工具規則。③「持續性和可預測性」承諾。這種思想由 Svensson,Woodford(1999)提出,這種承諾在某種程度上既符合修辭學,又與現在的通貨膨脹目標製作法一致,並且它將中央銀行的背離成本內在化了。④「最優目標規則」承諾。最優目標規則屬於 Euler 條件,各個目標變量間的最優一階條件本質上是,由既定模型方程式決定的目標變量間的邊際轉換率相等,以及由損失函數決定的相應的邊際替代率相等。最優目標規則的一大吸引之處在於,它們一般比最優反應函數簡單得多,也更強大,因此承諾起來更現實。⑤「簡單目標規則」承諾,如英格蘭銀行、瑞典銀行強調的簡單規則是:未來兩年的通貨膨脹預測值,應等於通貨膨脹目標。

但是,奉行政策規則卻不現實。其一,政策決策太複雜,不能用一個沒有統計顯著性和經濟重要性的數學方程式表示。在一個特定的環境中,政策制定者如何反應,依然具有大量的不確定性。其二,即使中央銀行想要遵守一個簡單規則,政策制定也需

---

[1] 如 Taylor 規則。

要相機方式。例如,假定中央銀行只有一個政策目標,如價格穩定,以及一種政策工具,如公開市場操作,在這個單純的環境中,一個非常簡單的規則是:每當通貨膨脹率低於了目標,中央銀行便買入政府證券;反之,則賣出。即使在如此簡單的環境中,也難以準確地說出中央銀行針對通貨膨脹率的變化而開展公開市場操作的時間、規模。因為中央銀行在行動之前,需要瞭解衝擊來源、衝擊是持久性的還是暫時性的[1],即必須評估經濟環境。鑒於我們現有的知識狀態,實施貨幣政策仍需要一定量的相機成分。其三,經濟信息往往成批出現。每天有眾多的信息源,中央銀行對特定信息的反應不僅取決於這條信息本身,還取決於當天的其他信息,而且,經濟信息對政策決策的影響很可能是累積的,因此,中央銀行的反應還可能取決於前些時候的信息。

簡而言之,這個世界太複雜,不能用一個易於描述和監控的簡單規則處理,正如由於太複雜而不能執行一份完全合約一樣。所以中央銀行沒有能力承諾一個具體的貨幣政策規則。否則事前承諾會造成兩難困境:中央銀行要麼背棄規則,這樣做,實際上削弱了自己承諾的可信性;要麼堅持規則,採取不合時宜的政策。

相機決策製造了政策不確定性,並在現實中引發了通貨膨脹。正是在反通貨膨脹中,一系列保證貨幣政策的決策集體化、公開化的制度安排才得以推行。現在,透明度已演變成為貨幣政策制定的新「福音」(gospel, Blinder, 1998)。

二、透明度:相機政策的一種約束機制

透明度主要是通過聲譽效應制約中央銀行政策行為的隨意性。聲譽效應強調中央銀行的行為與公眾的預期之間策略的交互作用。公眾形成通貨膨脹預期后,中央銀行可以採取「欺騙」或「守信」兩種策略。相機決策的「欺騙」策略雖然通過製造意外通

---

[1] 由於存在市場摩擦,價格只是緩慢地調整,而價格衝擊可能來自生產率、石油價格等的一次性移動,也可能來自更持久的通貨膨脹衝擊,如生產率增長的持久變化。

貨膨脹提高了本期的產出，卻損害了中央銀行執行低通貨膨脹政策的聲譽，使政策失去了可信性，公眾會提高以後的通貨膨脹預期，增加中央銀行未來的損失，即提高通貨膨脹的邊際成本，降低中央銀行效用目標函數的期望值，從而「懲罰」中央銀行。正是這種「懲罰」，迫使中央銀行為避免未來的損失而選擇「守信」策略，從而避免貨幣政策的時間不一致性。

1. 中央銀行的類型

在中央銀行與公眾之間的不完全信息有限重複博弈中，公眾的通貨膨脹預期，建立在他們關於中央銀行偏好或「類型」的信念基礎上。一個參與人所擁有的私人信息決定他的「類型」。中央銀行的類型，通常是依據它在產出與通貨膨脹穩定之間的偏好或承諾能力來判斷，類型因損失函數中的通貨膨脹權數不同而不同。「禁酒」的中央銀行在實現通貨膨脹目標上設置的權重要高於「不禁酒」的中央銀行；「強」型滿足 $\lambda = 0$，即產出不占權重，而「弱」型則以 $\lambda > 0$ 為特徵；類型還表現在中央銀行的承諾能力上，即「禁酒」的承擔義務，而「不禁酒」的相機決策；D 型總是將通貨膨脹設定為 0，而相對的 W 型則總是投機取巧啟動通貨膨脹。如果中央銀行是實實在在的最優化者，一旦選擇了通貨膨脹，它的身分就會暴露，此后的公眾預期等於相機決策下的均衡通貨膨脹率。為了避免這樣的結果，追求最優化的中央銀行會擁有一種模仿 0 通貨膨脹類型、至少暫時隱瞞真實身分的激勵。在有限博弈中，最優化者在最后一個期間才會一次性將自己過去建立的聲譽利用盡，啟動通貨膨脹，博取豐厚的短期收益[1]。

2. 貨幣政策博弈、透明度、聲譽約束

貨幣政策的成效，不僅取決於中央銀行的行為，也取決於公眾的預期，是中央銀行與公眾之間進行博弈的結果。影響重複博弈均衡結果的主要因素是博弈重複的次數和信息的完備性。參與人要權衡短期利益與長期利益，所以重複次數很重要。當博弈

---

[1] 相對而言，此時的未來損失非常小。

只進行一次時,每個參與人只關心一次性的支付,但如果博弈重複多次,他可能會為了長遠利益而犧牲眼前利益,選擇不同的均衡策略。因此,在博弈中公眾必須努力從中央銀行的政策措施及其均衡結果中推斷它的類型,而中央銀行在選擇政策時,必須考慮公眾面臨的不確定性,而且有可能模仿另一類銀行,對公眾隱瞞(可能只是暫時的)自己的真實身分。

貨幣政策透明度增進了偏好、類型信息的完備性,從而對中央銀行形成聲譽約束。觸發策略分析框架認為,如果通貨膨脹不為0,這一事實傳遞給公眾的信息就是中央銀行從事了欺騙活動,觸發策略就會被採用。但是通貨膨脹不只取決於中央銀行的政策安排,還取決於隨機干擾,因此,不應只關注實現了的通貨膨脹率,還必須將觸發策略建立在中央銀行的政策工具上。直接觀察到的實際通貨膨脹率,可能只不過揭示了這兩方面的淨效應,即貨幣政策與各種影響通貨膨脹的隨機因素的共同作用結果。解決這個問題[1]的一個辦法是讓政策更具透明度,如可以設定目標,或者執行固定匯率政策,任何偏離都會立刻表現出來,公眾能夠清楚地看到。在透明度下,公眾無須再去驗證中央銀行的私人信息,如貨幣流通速度是否為真。

序貫均衡加混合策略模型指出,在最后一個期間T之前的各個期間裡,中央銀行的政策選擇會影響其未來的聲譽狀況,因此選擇0通貨膨脹率從而建立起D型中央銀行聲譽。這樣均衡結果是,在最初若干期間裡,W型中央銀行模仿D型中央銀行將通貨膨脹水平設定為0。混合策略下,W型中央銀行以某種概率啓動通貨膨脹,所以其行為是隨機的,公眾會運用貝葉斯法則更新自己對中央銀行類型的信念。如果政策不具有透明度,公眾不清楚中央銀行的真實意圖而預期了正的通貨膨脹率,那麼即使是D型中央銀行也會感到需要部分地適應這些預期,否則就會導致經濟不景氣。因此,D型中央銀行顯示自己與眾不同的方法之一,

---

[1] Canzoneri 最早分析這一問題,因此,稱作「Canzoneri 難題」。

就是公布一個計劃通貨膨脹率或目標通貨膨脹率,然后通過實際履行諾言建立起政策可信性,堅定自己在公眾心中的 D 型信念。

公眾無法確定當前中央銀行的類型對通貨膨脹的影響,可以借助一個兩期模型來說明。假定兩類中央銀行的效用目標函數相同,見(2·1)式,產出項是線形的,通貨膨脹項是二次的。由於產出效用是線形的,穩定化政策不發生作用,於是產出項可以由 $e\equiv 0$ 條件下的(2·3)式得到。在分離型均衡中,中央銀行在第一期的表現揭示它的身分。在混同型均衡中,第一期兩類中央銀行的表現一樣,所以公眾無法確定中央銀行的真實身分;由於在第二期,聲譽不再具有更進一步的價值,因此 W 型中央銀行會簡單地把通貨膨脹水平設定為最優相機決策比率 $\alpha\lambda$;而混合策略均衡中,W 型模仿 D 型的概率在 0 與 1 之間。

如果公眾不清楚中央銀行的身分,則導致無論是在分離型均衡還是在混合策略均衡中,D 型中央銀行在第一期都會啟動通貨膨脹,因此中央銀行發布通貨膨脹計劃聲明之類的透明度做法在影響政策操作上就可以發揮其獨特的作用。只要公眾認為中央銀行是 D 型的先驗概率 $q>0$,發表聲明就會使 D 型中央銀行能夠影響預期並降低第一期的通貨膨脹率,這種效應不僅可以發生在分離型與混同型均衡中,也可以在混合策略均衡中產生。即使聲明可能被利用,它也能對隨后的政策操作起到一些約束作用,並且如果中央銀行擁有無法證實的私人信息,如對經濟的內部預測,這些聲明也可以起到傳遞經濟信息的作用。

三、約束相機決策的制度安排與透明度

相機決策下的通貨膨脹傾向,是中央銀行對它所面對的激勵結構作出的最優反應,但這些激勵卻是錯誤的。因此,與其仰仗中央銀行具有正確的偏好,不如影響它所面對的激勵。激勵結構的深層次原因可能源自中央銀行的制度構成,因此如果制度變更的代價高,則為提高通貨膨脹成本而設計的制度改革,就可以起到承諾策略的作用。例如,直接在對中央銀行的特別立法中加上

價格穩定目標,就可能提高中央銀行因未能控製通貨膨脹而需承擔的隱性處罰,如表現為制度性窘境。

相機決策下的通貨膨脹傾向的解決方案有：

(1) 獨立性(見第五章)。

(2) McCallum(1995)的「正好不管」(just do it)方案。該方案建議,如果缺乏承諾機制,則中央銀行可以正好忽略偏離相機決策下的社會最優結果的激勵因素。「正好不管」的邏輯基礎是：中央銀行的「聲譽」,即私人部門對中央銀行內在的、不可觀測並隨時變動的目標的估計值,對它行為的敏感性,隨透明度的增加而增加,從而提高它偏離公布的社會目標而追求內部目標的成本。因此,對公布的目標來說,「聲譽」充當了一種隱性承諾機制。

(3) 解決時間不一致性問題的委託—代理方案。該方案假定,讓中央銀行承諾一個特定的損失函數具有可行性。中央銀行的損失函數可能與社會不同,因此委託人(社會)可以給中央銀行(代理人)指定損失函數,以改進相機問題。委託—代理方案包括：

①Rogoff(1985)的「權重保守主義」中央銀行,即在產出穩定上,為中央銀行指定比社會小的相對權重[公式(2·2)中 λ]。這樣做,可以減少平均通貨膨脹,並減輕通貨膨脹波動。該方案常常被描述為,通貨膨脹傾向與「靈活性」之間存在必然的交替關係。但是這種說法卻被事實推翻,平均通貨膨脹更低的國家,其產出波動並不更大。

②Walsh(1995), Persson, Tabellini(1993)等的「通貨膨脹合約」。通貨膨脹合約方案主張,通貨膨脹越低,給中央銀行或中銀行行長的獎金越高。不過這種思想很少付諸實踐。

③「產出保守主義」中央銀行。這種方案意味著,中央銀行損失函數中的產出目標等於潛在產出,即公式(2·2)中 k = 0,因而在解除平均通貨膨脹傾向的同時不加劇產出的波動。該理論是許多國家平均通貨膨脹傾向明顯消失的最好解釋。事實上,現在實行靈活通貨膨脹目標制的國家越來越多,其中央銀行損失函數

中,產出穩定的權數適度,產出目標等於潛在產出。這種方案未必就帶來靈活性損失。在提高平均和潛在產出上,社會最好尋求其他政策,如改善競爭的結構性政策,而不是求助於貨幣政策,「產出保守主義」思想正是體現了這種真知灼見。

在委託—代理理論框架下,中央銀行結構及其與政府關係方面的制度安排,可以看作是政府與貨幣當局之間訂立的「合約」,貨幣政策操作,要受這項合約的影響。Rogoff 方案,提議任命一位獨立的、保守的中央銀行官員來執行貨幣政策。獨立性,意味著中央銀行行長一旦接受了任命,就可以不受干涉或限制地從事政策運作,從而使他能夠在這種保障下最小化他個人評估的社會成本。保守性,是指他在通貨膨脹目標上設置的相對權數比社會整體(政府)的要大。這種合約安排的好處在於降低了平均通貨膨脹水平,其代價取決於總供給衝擊的實現情況。如果衝擊比較小,以低通貨膨脹形式出現的收益會顯著壓倒穩定化政策上的扭曲;如果衝擊很大時,則穩定化扭曲帶來的成本就會超過收益,即若發生了不利的供給衝擊,保守的中央銀行執行的低通貨膨脹政策會造成產出的波動更大(產出方差更大)。

Lohmann(1992)將 Rogoff 方案擴展成具有免職條款的委託代理模型。具體來講,政府不但有權任命保守的中央銀行決策者,而且還保留了特殊情況下對其貨幣政策的否決權或者更換決策者的權力。如果結果表明總供給衝擊過大,由臨界規模決定,政府就可以越過中央銀行行事,而臨界規模作為否決(跨越)成本的函數,其本身是內生決定的。由於政府決策程序,如多數票原則等,以及中央銀行制度設計,如中央銀行的預算自主程度、決策者的任期等不同,所以否決成本可以具體表現為不同的形式,如決策討論的時間、政府本身的信譽等。這種合約安排對政府和中央銀行雙方都會產生約束力,既迫使後者在特殊情況下更偏重產出波動,又使前者不能隨意行使否決權,好讓後者可以在更大的衝擊範圍內保持自身的獨立性。

合約可以看作是政府或社會試圖為中央銀行設計一種最優

激勵結構。合約安排中,中央銀行獨立地操作貨幣政策,但同時要從政府那裡接受貨幣的轉移支付。這種支付既可以看作中央銀行官員的直接收入,也可以視為中央銀行的預算,或者從更廣的意義上來講,也可以是中央銀行法定偏好目標的反應。因此,Rogoff 主張,強制推行目標設定規則,使貨幣當局的預算依賴它對規則的堅持;Garfinkel, Oh(1993)也認為,可以在貨幣當局無法實現目標時運用法律手段加以懲罰;而 Walsh 則認為,決定最優激勵結構的第一捷徑,是假定政府可以向中央銀行官員提供一項視經濟情況而定的工資合約,明確引導中央銀行的行為方式。

委託—代理方案強調中央銀行面對的激勵結構,如果激勵是正確的,即使實際政策操作具有完全靈活性也是允許的。但是由於驗證事前的自然狀態和事后實際衝擊的實現,這兩個方面都存在困難,如中央銀行的內部預測就難以進行事后檢驗,因此避免不了 Canzoneri 分析中所強調的私人信息問題,這必然影響合約的可行性。

為此,在合約安排中可以利用政策透明度效應,如將中央銀行官員的批准過程、長期性職責公開,可以讓公眾清楚被任命者的偏好,並可以保證政策確實由被任命的代理人操作。如果合約的再磋商,或者解雇中央銀行行長等事件,都是公眾可以觀察的,那麼政府出於自身利益的考慮,也會放棄在短期進行再磋商的動機,樹立起一個能夠履行承諾的政府形象。這種政策透明度,是新西蘭 1989 年的中央銀行改革所建立起來的政策程序的主要特徵。在新西蘭,政府和儲備銀行在《政策目標協議》(PTA)下建立短期通貨膨脹目標,協議可以重新磋商,雖然一旦觀測到當前的經濟衝擊,雙方都希望對目標再磋商,但是這種再磋商必須公開進行,所以出於聲譽上的顧慮,也可能會維持某種均衡,而不重新討論目標。

第三節　貨幣目標制、通貨膨脹目標制、匯率目標制與透明度

解決相機決策問題的另一種方法是限制政策的靈活性。金本位制度、固定匯率制度以及 M. 弗里德曼的貨幣供給常數增長規則，都是這方面的例證，在這些制度下，政策靈活性被有意限制。減少靈活性產生的成本，主要取決於經濟衝擊的實質及穩定化政策的初始範圍，而收益則表現為一個更低的平均通貨膨脹率。從 20 世紀 60 年代以來，有兩種貨幣制度盛行：一種是貨幣目標制；一種是通貨膨脹目標制。

一、貨幣目標制

在美國、加拿大、英國、德國和瑞士，從 20 世紀 60 年代開始，通貨膨脹率不斷攀升，這些國家於是採取了以貨幣增長率目標為基礎的政策程序。貨幣目標制可以從 6 個方面來評價（Walsh，2002）：①是否提供了名義錨；②是否增進了政策操作的透明度；③是否有助於責任制的實現；④貨幣量與貨幣政策目標之間是否存在穩定關係；⑤貨幣供應是否可控製；⑥是否比最終目標變量更容易觀測。前 3 個是一般標準，可以用於評價任何貨幣政策框架，后 3 個與貨幣供應量充當仲介目標變量的作用有關。

1. 美國的貨幣目標制

從 1975 年開始，美聯儲公開宣布貨幣增長目標。這一舉措是由國會強加的，根據「133 號一致決議」，聯儲制定貨幣政策，需要確定貨幣增長的數字指標。美聯儲制定了幾種貨幣總量目標增長率，其中，最受關注的是 M1 指標。指標以區間而不是點表示，這些目標區間每年都要重定基礎，即用 12 月份的實際貨幣供應量作為下一年的目標區間。

美聯儲的政策實際上是否受這些指標約束，相關的研究通過

估計基金利率政策反應函數來作實證分析,包括通貨膨脹、失業、實際貨幣與指標區間中間值之間的缺口三項。分析顯示,在短時間內,美聯儲按照貨幣增長反應,而在較長時間,並不嚴格受公布的指標約束。實際上,它採取用產出、通貨膨脹目標來制定聯邦基金利率的政策體制,在給定宏觀經濟預測和基金利率目標的條件下,預測貨幣需求,這一預測構成了公布的貨幣目標的基礎。

美聯儲因使用貨幣目標而在透明度上遭到了嚴重指責。它不是宣布一個單一目標,而是宣布幾個不同貨幣總量目標。而一種貨幣總量的增長可能快過目標,另一種貨幣總量的增長則可能要慢一些,這種情況,讓聯儲可以根據它追求的政策而斟酌需要重視哪一種目標。所以,貨幣目標制使政策更不透明、更不負責任。美國實行的貨幣目標制是失敗的。

美聯儲現行的政策體制是隱含仲介目標型,在貨幣政策制定、執行中不明確宣布要穩定的仲介目標。Greenspan 反對通貨膨脹目標制,他認為,經濟複雜多變,一方面,沒有人能夠精確預測到短期結果,另一方面,中央銀行只對名義規模具有影響力。因此,中央銀行最終目標是價格穩定,以及當價格穩定時培育出的產出最大可持續增長,而一個特定的量化通貨膨脹目標僅代表一種毫無意義的、錯誤的精確性。事實上,大多數人都認為美聯儲有一個大約1%~2%的隱含的通貨膨脹目標,其運行結果近似於有一個正式的通貨膨脹目標。

隱含仲介目標型,注重在長期內控製住通貨膨脹,並密切關注與通貨膨脹有關的指標,經常採取「超前行動」。但該體系的一個重要弱點是缺乏透明度,由於沒有一個明確的仲介目標作參考,公眾會不斷猜測聯儲政策的意向,對未來的產出、通貨膨脹產生不確定感,這會造成金融市場不必要的波動。並且,由於缺乏明確的指標,隱含型體系政策具有較大的隨意性,因此也更容易產生時間不一致性問題。透明度缺乏,使得政策缺乏可解釋性,從而公眾沒有標準來評價聯儲的業績。此外,該體系不易對付供給衝擊,由於不存在明確的指標約束,當衝擊發生后,公眾一般會

產生通貨膨脹預期,而這往往是通貨膨脹治理中的癥結所在。隱含型體系最大的缺陷是它嚴重依賴中央銀行官員的個人偏好或執政風格。

2. 德國、瑞士的貨幣目標制

與美國相反,德國和瑞士通常被視為貨幣目標制的成功典範。從20世紀70年代中期開始,德國聯邦銀行和瑞士國家銀行將貨幣目標提升為貨幣政策的操作框架。1975—1987年,德國聯邦銀行公布狹義貨幣總量的增長率目標;1988年后,公布M3的目標。瑞士正相反,起初是確定M1的目標,后來才轉向更狹義的貨幣總量(基礎貨幣)。

德國的貨幣目標制案例說明,貨幣政策採取制定目標的制度在執行中並不喪失靈活性。德國聯邦銀行在公布貨幣目標的同時,也公布通貨膨脹目標,這樣做,有助於明確中央銀行的終極目標變量是通貨膨脹,而不是貨幣本身。它的另一個特徵是,聯邦銀行使用「不可避免的通貨膨脹」和潛在產出來匡算貨幣增長目標,其計算的理論基礎是數量論框架,只是沒有使用實際收入增長的預測值,而是使用潛在GDP增長的估計值。

與美國相比,德、瑞兩國的中央銀行關鍵是利用貨幣目標作為交流長期通貨膨脹策略的手段,這種貨幣目標制有利於提高政策透明度,從而它們在政策制定中遵循的是「受約束的相機」規則。

貨幣目標制的政策透明度高,有利於向公眾表達政策意圖,政策的可解釋性強,便於公眾監督。但是,這種體系具有很大的政策相機性,在實際操作中,中央銀行仍然對其他變量,如產出、匯率等給予關注,常常並未實現目標貨幣量。而且若沒有實現貨幣目標,則調節機制會不對稱,即當實際貨幣量超過目標貨幣量,中央銀行提息,反之,則並不降息,這可能導致貨幣政策過緊。從德、瑞兩國的實踐來看,雖經常未實現目標貨幣量,它們卻成功地控製了通貨膨脹,這主要歸功於其貨幣政策的透明度高,von Hagen,Mishkin,Posen更是將德國的貨幣政策歸類為通貨膨脹目標

制雛形。

德、瑞兩國的貨幣目標制也有一個不容忽視的缺陷：名義貨幣存量狀況不屬於政策的最終目標。貨幣存量不是直接的政策工具，它在貨幣政策操作中僅僅起仲介目標或指標變量的作用。這兩種作用中的任一種的發揮，都要求貨幣供應量與真實的政策目標之間存在可預測的關係，但是，以仲介目標作為操作程序，結構性變化會引起潛在的緊張，如20世紀90年代早期的德國統一引起資產組合變化及其對貨幣需求的影響，使德國聯邦銀行特別難以解釋貨幣增長的波動。在美國，放鬆金融管制、金融創新，以及20世紀80年代早期的反通貨膨脹政策導致M1在80年代中期反常、快速地增長，美聯儲因此不再重視M1目標。「貨幣失蹤」(the disappearance of money)論證實，貨幣總量與通貨膨脹、實際經濟活動之間的關係變得越來越不可預測。

二、通貨膨脹目標制

制定貨幣目標的做法在20世紀80年代漸漸被淘汰，主要是因為，貨幣量與通貨膨脹之間的關係明顯出了毛病。新西蘭儲備銀行是第一家採取通貨膨脹目標制的中央銀行，這種做法是新西蘭正式立法改革的一部分，並寫進1989年的《儲備銀行法》。

通貨膨脹目標制，是目前被廣泛實行的貨幣政策體系，也是學術界最常討論到的目標設定方法。在通貨膨脹目標制下，中央銀行承諾達到目標通貨膨脹率，這個目標可能由政府設置，如英國；或者由中央銀行自身設定，如瑞典。通貨膨脹目標制的支持者強調，它是實施貨幣政策的一種十分透明的手段，一旦通貨膨脹目標公開宣布後，中央銀行的意圖就清晰可見。

在通貨膨脹目標制下，中央銀行對經濟衝擊的反應能力，或者說屈服於通貨膨脹誘惑的程度，都因為需維持一個目標通貨膨脹率而受到限制，這有益於克服時間不一致現象。通貨膨脹目標制的優越性還在於，它不需要依賴穩定的貨幣流通速度，不存在「弱相關」問題。如果存在供給衝擊，它允許偏離目標通貨膨脹

率,因而也具有靈活性;而且,一旦降低后,通貨膨脹率就可以保持在低水平,在下一個擴張週期中不會反彈。

通貨膨脹目標制的靈活性,既體現在中央銀行對通貨膨脹目標的解釋上,也體現在完成目標任務的時間範圍上。顯然,採取這種制度的國家沒有一個執行了嚴格的通貨膨脹目標制,實際中形形色色的通貨膨脹目標制,都規定了達到目標的時間至少為1年。

1. 通貨膨脹目標制的透明度做法

在許多通貨膨脹目標制國家觀察到的貨幣政策透明度提高過程大致可以描述為:

(1)從目標變量方面規定貨幣政策目標,即通貨膨脹幅度;

(2)公布政策文件,即通貨膨脹報告,其中要討論、分析未來的通貨膨脹前景;

(3)闡述、提示評估通貨膨脹前景的分析工具;

(4)制定貨幣政策分析框架,即說明通貨膨脹的前景評估基於的假定條件,陳述所得出的政策結論與評估情況的關係;

(5)公布條件通貨膨脹預測;

(6)定量描述將目標變量恢復到目標水平的方法;

(7)定量解釋按照(6)的要求,要實現滿意的實際通貨膨脹路徑需要採取的貨幣舉措。

實際中,大多數通貨膨脹目標制國家都推行了(1)~(5)項措施。例如,從特定的貨幣政策分析框架來看,瑞典銀行提供未來1~2年的通貨膨脹預測,預測以貨幣政策不變,即回購協議利率不變為條件,如果條件通貨膨脹預測值高於或低於通貨膨脹目標,則採取提高或降低回購協議利率的做法。相比之下,只有新西蘭儲備銀行執行了更為關鍵的(6)(7)項措施,它公布貨幣狀況路徑,認為貨幣狀況應將實際通貨膨脹維持在0~3%為宜;此外,還公布適應貨幣狀況的季度性短期名義利率路徑和以交易量為權數計算的匯率路徑。

2. 通貨膨脹目標制的執行途徑

學術研究提出了三種執行通貨膨脹目標制的途徑：

(1)關係中央銀行政策利率調整的工具規則。其中,最著名的是「Taylor 規則」,該規則的基本原理是:以通貨膨脹、產出缺口為基礎調整短期利率。Taylor 規則是對貨幣政策有規律的部分的一種簡單描述,可以看作是中央銀行作的一種承諾,即將政策工具設置為幾個關鍵變量的函數,並遵循該規律進行調整。工具規則提供了最透明的政策執行手段,但其透明度只是非常有限的信息集合。

(2)仲介目標策略。由 Svensson 等提出的仲介目標策略主張,貨幣政策的仲介目標使用中央銀行的通貨膨脹預測值。貨幣政策要經過長的時滯后才對通貨膨脹和實際經濟活動產生作用,因此,政策會影響到未來的產出、通貨膨脹。中央銀行必須根據預測採取行動,如果通貨膨脹預測值大於目標,則提高短期利率;反之則相反。與貨幣增長率相比,通貨膨脹預測值作為仲介目標,有許多優點:如果中央銀行的預測工作做得好,則預測值與作為目標變量的實際通貨膨脹高度相關;中央銀行使用的信息不受限制。但是,也存在一些執行上的問題,如價格指數、目標期限、產出穩定權數等標準的選擇。

(3)「目標規則」。「一條一般性的目標規則,將在操作層面上指定貨幣政策的目的,即指定操作性損失函數。因此,承諾總的目標規則,就是承諾最小化這個損失函數。」(Svensson,2002)與工具規則相比,目標規則有兩個明顯的優點:①貨幣政策發生作用,存在一定的時滯,所以中央銀行需要預測它的影響變量。正是這些預測而不是具體的信息變量,要求在政策制定中觀察所有相關的信息,而工具規則、貨幣目標規則和匯率目標規則,對應的只是可用信息的一個小子集,可能會造成重要的信息被忽略。②與仲介目標操作程序相比,目標規則與中央銀行的目的一致。例如,仲介目標使用匯率(如以色列),或充當貨幣政策立場指標(如新西蘭使用的貨幣狀況指數),其存在的問題是,目標變量與

內生的仲介目標變量的相關性取決於經濟干擾的性質。如果一攬子變化引起了貶值,則需要更緊縮性的貨幣政策以抵補這些變化對國內通貨膨脹、產出的衝擊;而貿易的負面衝擊造成貶值,則需要更擴張性的政策反應。因此,針對匯率移動,按照工具規則採取對策不可能總正確,相反,由目標規則產生的政策反應與中央銀行的目標是一致的。

但是,目標規則的透明度比工具規則、仲介目標規則小。向公眾解釋損失函數比解釋 Taylor 規則絕對要難得多。在工具規則下,偏離規則容易判斷,所以可以更密切跟蹤中央銀行的行為,使它更負責。

3. 通貨膨脹目標制的功能分析

通貨膨脹目標的設定,在促進反通貨膨脹、降低反通貨膨脹成本、抑制通貨膨脹與利率的波動,以及提高中央銀行低通貨膨脹承諾的可信性上都起到了十分重要的作用。大量的相關研究,通過分析通貨膨脹、產出、失業與利率的時間序列表現,來考察通貨膨脹目標制對這些變量間的動態交互作用的影響。結果表明:在實行通貨膨脹目標制后,通貨膨脹更容易預測、長期利率下降、貨幣政策可信性得到了改善,但幾年后長期利率又回升,說明通貨膨脹目標制的可信性效應不會持久,但也可能是因當時世界範圍內利率普遍上升(Ammer,Freeman,Willis,1995);通貨膨脹目標制鎖定了反通貨膨脹的收益,而不是便利了反通貨膨脹,該制度下,通貨膨脹沒有隨商業週期的上揚而升高(Mishkin,Posen,1997);通貨膨脹目標制改變了通貨膨脹的持續性,即中央銀行不再容忍實際通貨膨脹率持久運行在目標範圍之外(Siklos,1999)。

(1)採取通貨膨脹目標制前后的中央銀行行為變化。通貨膨脹目標制下,中央銀行官方利率的波動,無論是名義的還是實際的,都顯著下降。這說明,貨幣政策放棄了以往的激進做法(activist policy),降低了對當前通貨膨脹、產出缺口衝擊的動態反應頻率。新制度有利於政策制定者較少著眼於暫時的、短期的經濟變化,而採取比較穩定的貨幣政策方針。一些學者通過研究本期官

方利率與其滯后值和通貨膨脹、失業、匯率滯后值之間的關係,來評估新西蘭、加拿大、瑞典和英國的貨幣政策反應函數,發現新西蘭與英國的反應函數發生了明顯的結構性突破。在新西蘭,這種突破表現為官方利率對滯后通貨膨脹與失業的反應更強,而對滯后匯率的反應更弱;而在英國,則主要反應為匯率喪失了在反應函數中的重要性。但是,兩國反應函數的變化,都未顯示在通貨膨脹目標制下通貨膨脹成為貨幣政策的首要目標這一特徵。

(2)中央銀行「類型」的轉變。通貨膨脹目標制的採納,表明中央銀行偏好函數的參數發生了變化。新制度下,貨幣政策給予價格穩定以更堅定的承諾,因而相機決策的餘地更小;中央銀行對通貨膨脹的厭惡感增強;此外,通貨膨脹目標制與非通貨膨脹目標制兩類國家的通貨膨脹動態更加相似。一些實證分析顯示,新制度下,通貨膨脹持續性明顯減弱,通貨膨脹預測誤差減少,反通貨膨脹的代價率下降,產出的波動減弱,增長的持續性延長。所以,20世紀90年代的經濟環境與以往相比,變得更加穩定。

(3)貨幣政策透明度大大提高。為了促進公眾準確理解中央銀行的意圖,穩定長期通貨膨脹預期,通貨膨脹目標制強調交流、溝通。因此,中央銀行公布通貨膨脹預測報告及相關分析,以此向公眾解釋它對貨幣狀況的評估及採取的政策行動,這也是通貨膨脹目標制的核心特徵。

(4)貨幣政策可信性顯著增強。通貨膨脹目標制的重要性在於,它能有效地用來組織既在中央銀行內部又在中央銀行與公眾之間進行的政策討論,這種新制度的最大成效在於它增強了政策可信性,對通貨膨脹預期產生了積極影響。

Neumann, von Hagen(2002)運用時間序列、事件研究兩類實證分析,評估描述中央銀行政策的「泰勒規則」。他們採集了兩類樣本:一類是通貨膨脹目標制國家(歷史上的高通貨膨脹國家),包括澳大利亞、加拿大、智利、新西蘭、瑞典、英國;一類是非通貨膨脹目標制國家(歷史上的低通貨膨脹國家),包括德國、瑞士、美國。比較這兩類國家的中央銀行在兩次類似的外生性衝擊,即

1978、1998年的石油漲價中的表現①后發現,通貨膨脹目標制國家在第二次石油衝擊中取得了可信性收益,它們不僅將利率維持在了較低的水平上,而且使用緊縮程度低得多的貨幣政策對付了這些衝擊。

具體來講,他們考察了3個指標:①年 CPI 通貨膨脹率,反應貨幣政策結果的基本指標;②長期政府債券利率的變化水平,由於名義長期利率的大部分上漲表示了通貨膨脹預期的升高,因此它可以測量貨幣政策的可信性;③短期貨幣市場利率的變化水平,短期利率隨石油價格上漲而升高,顯示了中央銀行察覺到有必要控製石油漲價所引起的通貨膨脹而緊縮貨幣的程度。結果表明,在第一次衝擊中,通貨膨脹目標制國家的通貨膨脹率平均上漲了8.35%,非通貨膨脹目標制國家上漲5.37%;而第二次,前者為2.99%,后者為1.97%。這說明,通貨膨脹目標制這種新體制,幫助這些國家明顯改善了通貨膨脹業績。就長期債券利率來看,在第一次衝擊中,通貨膨脹目標制國家平均上漲5.78%,非通貨膨脹目標制國家平均上漲3.27%,這種差異說明,非通貨膨脹目標制國家享有較高的貨幣政策可信性;在第二次衝擊中,分別為2.17%與1.83%,這說明,前者在可信性上大有好轉,通貨膨脹目標制對其貨幣當局的價格穩定承諾的可信性產生了顯著效益。而短期利率,在第一次衝擊中,通貨膨脹目標制國家平均升高12.92%,非通貨膨脹目標制國家平均只升高6.86%;而在第二次衝擊中,兩類中央銀行的貨幣政策緊縮程度非常接近,前者平均升高2.65%,后者平均升高2.48%,對通貨膨脹目標制中央銀行來講,兩次衝擊中的利率反應程度顯然相差更大。可以看出,兩類中央銀行在成功化解第二次石油漲價衝擊中,利率上漲幅度有實質性的降低,這說明,有了較佳的通貨膨脹業績和已改善的可信性,中央銀行能夠以較小的提息治理好通貨膨脹;而且,通貨膨脹目標制中央銀行所取得的進步明顯要大得多,通貨膨脹目標的

---

① 即政策反應及結果。

設置，使它們的反應向非通貨膨脹目標制中央銀行趨同。總之，通貨膨脹目標制這種貨幣政策新制度，與對通貨膨脹的作用相比，它更多地影響了政策行為和可信性。

三、匯率目標制

現行的貨幣政策體系還有匯率目標制。匯率，作為一種價格指標，而不是數量指標，其優點是簡單易懂，與貨幣供應量指標相比，它向公眾提供的政策意圖和實際行動信號要清晰得多。因此，如果公眾的通貨膨脹預期，在很大程度上受持續跟蹤、監測名義錨的難度影響，則匯率具有天然的優勢。

與貨幣指標相比，匯率更容易被公眾觀測，因而更透明。就貨幣增長率工具來看，由於貨幣指標只能在噪音中觀測，因此依靠它，公眾無法辨別實際高通貨膨脹是政府選擇了高貨幣增長率的結果，還是只是由大的國內通貨膨脹衝擊形成的。而匯率，「具有一些特殊的性質，尤其是它易於觀測，讓私人部門可以直接監測中央銀行的任何失信」（Persson, Tabellini, 1993）。政府面臨可信性問題，卻沒有能力對它的政策作出承諾，此時，透明度就是一劑政策良方。特別是，在國內短期利率是透明的市場價格的國家或者在許多欠發達國家，由於資本市場不完善，與貨幣指標比較，匯率可能是更恰當的選擇。

因此，匯率目標制可以改變公眾的通貨膨脹預期，產生「預期釘住」效應。但是根據克魯格曼「永恆的三角形」原理，匯率目標制在保持匯率穩定的同時會喪失貨幣政策的獨立權，而對一些國內衝擊無能為力，還使外匯市場上的信號難以表達貨幣政策意圖。匯率目標制主要為新興市場國家所採用。

四、透明度在三種貨幣制度下的通貨膨脹效應比較

透明度的通貨膨脹效應因貨幣政策目標制不同而異。從理論上講，透明度假說尤其適用於實行浮動匯率制的經濟體，因為其貨幣當局擁有較大的國內貨幣供給控制權；而在實行完全可信

的固定匯率制與貨幣完全可兌換的小型開放經濟中，由於中央銀行對國內利率和貨幣供給很少或基本不掌握控製權，所以透明度對平均通貨膨脹不產生影響。匯率釘住制，向公眾提供了一種容易觀測並受政府直接控制的指標，它本身就是建立透明度制度的一種策略選擇。透明度與通貨膨脹目標制天然融合在一起，它是通貨膨脹目標制的關鍵部分（Mishkin，2000），或者說是建立通貨膨脹目標制的先決條件。因此，相比之下，貨幣目標制更容易產生時間不一致性問題，透明度與貨幣目標相結合，對貨幣政策的可信性效果更大。此外，如果將透明度主要以培育政策可信性這樣的方式來運作，當可信性由行動而不是由語言來保障時，它的通貨膨脹效應就比較弱，如低通貨膨脹國家、匯率目標制國家。

Chortareas，Stasavage，Sterne（2002）對貨幣制度的迴歸分析顯示，無論國內名義錨更多是以通貨膨脹目標還是貨幣目標為基礎，貨幣政策透明度都減少了通貨膨脹，而且透明度的通貨膨脹效應在貨幣目標框架裡更大；實行浮動匯率制的國家，平均通貨膨脹與透明度負相關，其透明度指數系數具有統計顯著性；相反，實行固定匯率制的國家，透明度對通貨膨脹的影響不明顯。

第四節　透明度與「新」通貨膨脹傾向

新通貨膨脹傾向的存在不依賴時間不一致性，而是源於中央銀行在一個充滿不確定性的世界中對衰退的預防行為。出於對衰退的預防，中央銀行不會一視同仁地對待增長與衰退，而且，公眾也知道這種目標的不對稱性。

從 20 世紀 80 年代早期以來，在對大多數國家 20 世紀所經歷的正的、持續的通貨膨脹率的形形色色的解釋中，占主導地位的學術範式是 Kydland，Prescott（1977）；Barro，Gordon（1983）框架（KPBG 框架）。KPBG 框架認為，通貨膨脹傾向的產生，是因為稅收或勞動市場的不完全導致了自然率就業水平低於政策制定者

所定的目標水平,政策制定者試圖利用意外性通貨膨脹刺激就業。在20世紀90年代前,政策制定者普遍相信通貨膨脹與經濟活動水平之間存在著穩定的交替關係,隨著交替關係並不存在的思想逐漸擴散、滲入,他們認識到,想要盡力將產出維持在高於自然水平以上,其結果是徒勞無益的,公眾會預期到這種行為,並相應調整名義工資或其他合約。最終,經濟達到的均衡狀態是,通貨膨脹傾向為正,而產出依然停留在自然率水平上,政策制定者不得不接受自然率產出水平。

Cukierman(2002)等人提出了一種有別於時間不一致性理論的通貨膨脹傾向觀——無論是經濟模型不確定,還是中央銀行的產出缺口損失不對稱,都會引發通貨膨脹傾向。

一、正確經濟模型一致意見缺乏所引致的相機貨幣政策

當前,經濟學界缺乏有關正確的經濟模型的一致意見,而這種經濟模型正是政策制定者賴以決策的依據。

1. 宏觀經濟傳遞機制理論的產出缺口概念不同

經濟學發掘了三種經濟模型,即宏觀經濟傳遞機制:貨幣主義盧卡斯類模型、傳統的新凱恩斯主義模型(neo-Keynesian model)與新凱恩斯主義模型(New Keynesian model)。這些模型的產出缺口概念不同,弗里德曼或盧卡斯概念的特徵是自然水平就業率,指「在沒有意外通貨膨脹條件下的,實體經濟達到總體均衡所產生的就業水平」,與此形成對比的是,非加速通貨膨脹失業率(NAIRU,Tobin,1980)這一概念指的是「這樣的失業率,在該失業率水平以下,通貨膨脹加速;在該失業率水平以上,通貨膨脹減速」。這兩個概念未必相同,而且二者都有別於凱恩斯主義的潛在產出概念,因為「即使在通貨膨脹被完全預期到,以及通貨膨脹率穩定時,實際產出與潛在產出之間的缺口也可能為非零」。這些概念上的差異,給潛在或自然產出的度量帶來了大量的彈性,並為相機貨幣政策的暗中啟用留有餘地。事實上,無論中央銀行的產出目標是自然或潛在水平還是高於該水平,執行的都是相機

政策。

2. 這三種模型的貨幣政策影響經濟的渠道不同

貨幣主義盧卡斯類模型：在菲利普斯曲線中增加了預期因素，價格、工資是完全靈活的；貨幣政策只有在未被預期到時，如在現時或者在相關的名義合約締結時，才影響產出；而建立在貨幣數量論基礎上的通貨膨脹水平，通常被認為是與貨幣供應量的選擇直接相關；若存在名義工資合約，合約根據未來通貨膨脹的預期，提前一期預先簽訂，只有合約簽訂期的預期通貨膨脹率與隨后的實際通貨膨脹率存在偏差時，貨幣政策才會產生真實效應。傳統的新凱恩斯主義模型與新凱恩斯主義模型本質上都屬於傳統的新凱恩斯主義模型：產出由需求決定，利率變動通過影響需求而影響到產出，它與通貨膨脹被預期到與否無關；政策的通貨膨脹效應取決於政策的產出缺口效應；名義價格交錯調整，存在價格調整成本；價格水平呈暫時黏性，中央銀行能夠利用名義利率來影響實際利率。在第一類新凱恩斯主義模型中，現期價格是完全后顧性的，即現期定價決策只取決於對以往價格的評價；現期政策無法影響現期通貨膨脹、產出缺口，因此，政策效應滯后。而在第二類中，現期價格卻是完全前瞻性的，即現期定價決策取決於未來通貨膨脹的預期，而不是以往的定價決策；由於價格黏性和交錯調價行為，現期通貨膨脹水平取決於未來通貨膨脹的預期；每期只有一小部分廠商有機會調價，這種局面與價格調整成本一起，促使每家廠商只能不連續、間斷地調整價格，並且若有調價機會，廠商的調價水平會比預期的未來通貨膨脹水平高得多；現期政策通過改變未來變量的現期預期，能夠影響通貨膨脹與產出兩個變量的現值，按照這一特徵，在對利率慣性（inertia）適當承諾下，現期政策變動通過改變預期，對通貨膨脹和產出會產生立竿見影的作用（Woodford，1999）。

經濟學界在有關傳遞機制方面的觀點不統一，給予了作為經濟模型消費者的中央銀行相當大的相機行事權。中央銀行在面臨模型不確定性以及政治壓力時，還可以用此推諉責任，而且這

種局面還為中央銀行對信息的策略性利用敞開了方便之門。

二、中央銀行的產出缺口(output gap)損失不對稱性

在通貨膨脹給定條件下,KPBG原創的假定認為,在二次目標函數中,就業向上偏離其合意水平與同等程度的朝下偏離的成本一樣。Cukierman對這一假定提出了質疑「這與直覺相當不一致,叫人難以置信」。這種假設意味著政策制定者或社會規劃者,在給定通貨膨脹條件下會反對正產出缺口,對產出缺口正的偏離與負的偏離一視同仁。負產出缺口,指就業在正常水平以下;相反,正產出缺口是就業在正常水平以上。在Cukierman看來,政策制定者會厭惡就業處於正常水平以下,但在通貨膨脹既定條件下,卻不厭惡就業上升到正常水平以上。這種不對稱性,可能使中央銀行的政策選擇失之偏頗,中央銀行即使是以正常的產出水平為目標,也會產生通貨膨脹傾向。

在一定的通貨膨脹條件下,一些政治家可能會認為產出水平越高越好,所以會更加中意正產出缺口。事實上,在一般的KPBG框架內,只要政策制定者不面對不確定性,或屬於風險中性,均衡就只會出現於被「合理化」后(即在「確定性」條件下)的二次函數的負產出缺口範圍內,所以,這個假設無關緊要。但是,一旦承認政策制定者要面對不確定性,則對整個產出缺口範圍而言,KPBG框架下的目標函數的性質規定就非常重要。

一些實證分析也支持中央銀行的產出缺口損失不對稱性假說。例如,Gerlach(2000);Dolado, Maria-Dolores, Naveira(2000)的分析顯示,該假說在美聯儲得到了印證。Ruge-Murcia(2001)將失業偏離其自然水平的對稱性損失與不對稱性損失進行公式化,並對幾個國家進行了這種不對稱性假說檢驗,發現它在法國和美國成立。

三、在正常產出目標下,通貨膨脹傾向並未消失

一些以通貨膨脹為目標的中央銀行,儘管其首要目標是價格

穩定,卻也厭惡實際產出在短期內圍繞著潛在或自然產出過度振動。為此,這些中央銀行著手在平均上而不是每期都達到通貨膨脹目標,用 King 的話來說,它們不屬於「通貨膨脹堅定者」。例如,若不利的供給衝擊將通貨膨脹推到了目標以上一段時間,它們並不尋求立即將通貨膨脹拉回到目標水平,害怕引起產出的過度波動。Svensson 更客觀地將這類中央銀行稱為「靈活通貨膨脹目標者」,相比之下,「通貨膨脹堅定者」就屬於「嚴格通貨膨脹目標者」。KPBG 框架和隨后湧現的大量文獻所使用的二次損失函數,都意味著,雖然「靈活通貨膨脹目標者」不企圖將產出維持在自然水平以上,但在它們的損失函數中,也對產出對潛在水平的偏離項賦予了正的權數。

1. 通貨膨脹目標的政策性迴歸

與通貨膨脹對目標的偏離相比,Cukierman 將分配給產出對目標的偏離這一項的相對權數稱為「靈活性參數」,用 A 表示。A 顯然是在不利衝擊發生后,中央銀行使用政策將通貨膨脹推回到目標水平所選擇的速率的重大決定因素,它的值越大,容許衝擊後通貨膨脹迴歸目標的「靈活度」也就越大。因此,順著靈活通貨膨脹目標者的最優政策規劃,參數 A 決定了通貨膨脹逐期(period-by-period)偏離目標的程度。

現實中,無論是明確的還是隱含的通貨膨脹目標制中央銀行,它們的參數 A 都相當不透明,貨幣政策的可信性問題並未消失。

2.「新」通貨膨脹傾向

當代中央銀行不企圖將產出維持在正常或自然水平以上,這樣在正統的 KPBG 分析框架內,就不存在可信性問題。但是就損失而言,與正產出缺口相比,中央銀行對負產出缺口更為敏感,即使它的產出目標是潛在或自然水平,由於產出缺口損失的不對稱性,加上它自身對經濟狀態的不確定,這也將引發通貨膨脹傾向。只有當中央銀行是嚴格的通貨膨脹穩定者,通貨膨脹傾向才會消失。

(1)「預防性通貨膨脹傾向」。在盧卡斯類傳遞模型中,假定政策制定者的就業目標是潛在產出。當產出缺口為負數時,中央銀行會感覺蒙受了損失;而當產出缺口為正數或等於 0 時,卻既沒有損失也無收益。這樣,在 0 產出缺口這一結點(kink)處,會滋生一種效應,它類似於在不確定狀態下的儲蓄——消費理論中預防性儲蓄動機產生的情形。在該結點上,經濟活動水平增加所產生的邊際收益總體上呈凸(convex)性,如同 Kimball(1990)指出的,在也只有在消費的邊際效用呈凸性條件下,會出現預防性儲蓄動機。類似地,中央銀行對產出缺口的非對稱偏好,招致了它對擴張的預防性需求,結果產生了「通貨膨脹傾向」。

與產出缺口損失對稱的基準情形相比,這種預防性需求誘使中央銀行在貨幣政策操作上總是稍許放鬆。消費者與中央銀行的預防性需求這兩種情形的主要差異在於,個人消費者通過延遲某些現期消費「買入」了更滿意的未來保障,而中央銀行付出通貨膨脹成本,卻並未「購得」經濟活動的任何改善。因為經濟主體會預期到中央銀行的「預防性通貨膨脹傾向」,從而借助於名義合約安排,破壞了經濟的潛在改善。

「新」通貨膨脹傾向的產生不依附時間不一致性,它產生的根源在於:第一,中央銀行在一個不確定性彌漫的世界裡,為將衰退防患於未然而事先採取了預防行動;第二,公眾知道中央銀行具有這種預防動機。這兩個因素交織在一起,即使中央銀行以產出的正常水平為目標,通貨膨脹也不會就此滅跡。

自然率產出的波動越大,通貨膨脹傾向就越強。Gerlach(2000)的實證顯示,一國的平均通貨膨脹水平與其產出增長率的方差之間存在著正相關關係。Ruge-Murcia(2001)分析發現,美國和法國各自的通貨膨脹水平與其失業率的條件方差之間具有正相關性,就他的模型而言,其分析結果與有關政策制定者更厭惡負產出缺口的假說一致。Cukierman,Muscatelli(2002)在美國、英國和日本發現了利率反應函數的非線形性質這一證據,這種非線形性,說明了美國在 1985 年以後的確存在擴張的預防性需求。

(2)價格黏性引發的「另外」通貨膨脹趨勢。如果經濟結構特徵符合新凱恩斯主義傳遞機制，則產出缺口損失的不對稱性與未來衝擊的不確定性這兩個因素交織在一起，在這種經濟環境裡依然要產生新通貨膨脹傾向。此外，在前瞻性定價機制新凱恩斯主義框架裡，通常還存在另外的通貨膨脹趨勢，與之相隨的是正的平均產出缺口，而且即使清除了未來衝擊的不確定性，仍然會得到新通貨膨脹傾向與「另外」通貨膨脹趨勢這兩個經濟結果。這種「另外的」通貨膨脹生成機制，是因為價格的暫時黏性，讓中央銀行能夠改變實際利率，進而影響就業和產出水平。這種通貨膨脹傾向，甚至在中央銀行對未來的經濟衝擊的瞭解完全可靠的條件下，也要產生，它又進一步將通貨膨脹推往更高的水平。但是，新凱恩斯主義的貨幣長期非中性思想認為，通貨膨脹增加會使產出增長，所以在低通貨膨脹率的某個約束範圍內，中央銀行面臨著平均通貨膨脹與平均產出缺口之間的長期交替，一旦通貨膨脹增加超過一定限度，價格調整的時間間隔將縮短，這種長期交替關係才會消失。偏好不對稱的中央銀行會選擇一個政策點，圍繞該點，正的平均通貨膨脹與正的產出缺口交替出現。偏好不對稱的政策制定者，如果他信奉黏性而不是靈活價格加預期的菲利普斯類經濟假說，則自然而然會更具通貨膨脹性，但這並不說明他的通貨膨脹傾向更高，因為他所執行的政策亦以足夠低的通貨膨脹贏得了較高的產出。

新通貨膨脹傾向與西方一些國家近來經歷的值得大書特書的價格穩定現象並不矛盾。由於衰退的可能性小，或者預期的衰退程度輕微，所以在大多數情況下，這種新通貨膨脹傾向可忽略不計。但是，這個實際觀察到的現象，應該被看作一種警示，以免長期過於樂觀。特別是，若嚴重衰退的可能性增大，那些通貨膨脹目標更靈活的國家或許將遭受更多的通貨膨脹累積。

小結

　　Kydland、Prescott、Barro、Gordon 的時間不一致性假說，對工業國 20 世紀六七十年代的高通貨膨脹提供了一種令人信服的解釋。雖然，從 80 年代初開始，許多國家都逐漸贏得了低的、溫和的通貨膨脹(5% 以下)長期記錄，例如，現在主要的 OECD 國家，其通貨膨脹已從 1980 年的 12.4% 下降到 1990 年的 5.2%、1998 年的 1.6%，但是可信性、聲譽、透明度這些概念並沒有在實踐中失去意義。如果一種貨幣制度不透明，則會產生私人信息問題，必然交替爆發週期性的通貨膨脹和通貨緊縮(Canzoneri)，因此，在持續的低通貨膨脹下，透明度有助於維持政策的動態可信性。

　　在相機政策下，政策制定者每期都擁有工具自由，相比之下，規則則表現出更多的工具慣性特徵。雖然規則可以減輕相機決策下政策的易變性，但是私人信息的存在，將導致承諾難以證實。如果貨幣政策具有透明度，則相機政策問題可以得到緩解。透明度創造出一種激勵機制：在透明度下，中央銀行關心自身的聲譽，因而有積極性去使自身行為更符合社會最優政策的要求，從而使隨機均衡接近於社會合意均衡。事實上，在透明度下，偏離社會目標時間很長、對公眾的評說異常有耐心的中央銀行，也會適度奉行社會最優政策。

　　在透明度下，相機政策一般會表現更多的慣性或連續性，與承諾式政策極為相似。透明度的聲譽效應對政策起到一種緩衝作用，中央銀行如果選擇更膨脹性的政策，雖增加了當前就業，卻敗壞了它的通貨膨脹聲譽，透明度越大，聲譽貶損越大，通貨膨脹政策的成本也越大，聲譽效應因而放大。所以，透明度增加了中央銀行欺騙的聲譽成本，從而減輕它的激進傾向，產生更低的平均通貨膨脹。

　　價格型政策目標(如利率、匯率)，與數量型政策目標(如貨幣

增長率)相比,前者更容易監測,所以透明度高。相比之下,貨幣目標制更容易產生時間不一致性問題,所以它的透明度效應更大。通貨膨脹目標制的政策十分透明,公布數字目標是它的關鍵部分,但此類透明度卻沒有延伸到產出穩定目標上,以這種面貌承諾通貨膨脹目標,貨幣政策的實際操作仍然具有相當大的靈活性。也許正是這樣,通貨膨脹目標制才得以在如此眾多的、政治經濟背景懸殊的國家流行。

此外,即使通貨膨脹目標制也不可能產生完全透明度。簡略地宣布一個平均通貨膨脹目標並沒有表明,當遭遇衰退威脅或能源價格暴漲時中央銀行將如何反應,目標並非產生不確定性和模糊的唯一政策面。所以,通貨膨脹目標制的支持者也呼籲其他中央銀行像英格蘭銀行那樣,發布經濟狀況和通貨膨脹前景的詳細報告。

「新」通貨膨脹傾向不依附時間不一致性,而是來自中央銀行對衰退的預防行為,或者價格黏性。如果貨幣政策缺乏透明度,經濟整體將逐漸累積「新」通貨膨脹,所以中央銀行的私人信息最終仍會導致通貨膨脹的週期性爆發。

第五章

貨幣政策透明度
依據之二：獨立性、責任制
(一般性公共政策依據)

中央銀行獨立性是貨幣制度近來最顯著的結構變化之一。貨幣政策的政治影響導致了通貨膨脹，卻不對實體經濟產生任何促進作用，而獨立性能夠隔離貨幣政策的政治影響，因此，許多國家儘管其政治經濟背景懸殊，卻都對自己的中央銀行制度進行了改革，授予中央銀行在貨幣政策操作上更大的獨立性。一些實證分析顯示，在發達國家，平均通貨膨脹與中央銀行獨立性負相關(Bade, Parkin, 1984; Cukierman, 1992)。而在發展中國家，Cukierman 使用中央銀行行長更迭(turnover)指數作為貨幣政策政治干預的代理變量，表示中央銀行與政府之間的實際關係，其研究發現，更迭越頻繁，平均通貨膨脹越高。

20 世紀 90 年代，中央銀行改革是影響貨幣政策最重要的結構變化，但是與獨立性相比，透明度只是最近才出現的一大現象。一般認為，是政策有效性與民主責任原則引致了透明度需要。一國中央銀行，不僅需要向民眾解釋它的行為，以驅散決策背後的神祕氣氛，而且「在整個貨幣政策制定過程中，透明度無疑會使中央銀行官員對公眾更負責，更高的開放度也是民主制的基本部分」(Blinder, 1998)。機構的獨立，要求公開負責以維護民主合法性。對獨立的中央銀行來說，只有貨幣政策的目標公開，信息

披露充分到可以評價它的業績，責任制才可行，這就是貨幣政策透明度的一般性公共政策依據。

迄今為止，在貨幣政策領域，產生了兩條總的透明度原則：①政策制定者應力所能及地作政策解釋；②公眾有權力讓政策制定者對他們負責。Greenspan(2002)從一個中央銀行行長的角度，表達了類似的透明度觀念，「歷史記錄顯示，美聯儲日益加大的透明度，有助於改善市場運作和提高我們的可信度。但是開放對塑造更好的經濟表現而言並不僅僅只是有用而已，在一個自由、民主的社會中，開放還是中央銀行的義務。美國的民選官員選擇了由一個獨立的實體——美聯儲承擔制定貨幣政策的責任，我們活動的透明度可令民眾信任並相信我們有能力勝任」。

第一節 中央銀行獨立性是一種模糊的貨幣承諾機制

對中央銀行獨立性的強調，是基於20世紀80年代末、90年代初的大量研究，這些研究表明，中央銀行的獨立程度與一國的通貨膨脹率之間負相關；在獨立性下，一國不必依靠犧牲增長換取較低的通貨膨脹率。這些研究推動了許多中央銀行法律地位的轉變，減少了政府的直接干預，並提高了對價格穩定的重視。

一、獨立性的涵義

中央銀行獨立性是指中央銀行在履行制定與實施貨幣政策職能時的自主性[①]。廣義的獨立性包括三個方面：個人獨立性，即中央銀行委員會成員的任命和解職程序；財務或經濟獨立性，其

[①] 如果一國的中央銀行可以「不接受來自政府的指令、也不必與政府協商，而無條件地擁有自主決定維持或變更現行貨幣政策的權力」(Capie, Goodhart)，便享有完全獨立性。

中,要求排除中央銀行對財政當局的過度支出提供融資;政策獨立性,即貨幣當局在目標設置(目標獨立性)和工具選擇上(工具獨立性)的自由。獨立性具有多維性,但一般意義上的獨立性是指狹義的獨立性,即工具獨立性,這一涵義基於兩種考察角度。

1. 從民主制的角度考察

從民主制的角度出發,一般是讚成中央銀行應該擁有工具獨立性,即獨立地操作政策以實現指定的目標;很少讚成目標獨立性,即中央銀行自己可以界定政策目標。獨立性允許中央銀行通過自身的專業判斷來制定自己的業務操作工具,但並非意味著自主地制定貨幣政策目標。在民主社會裡,中央銀行的最終目標應該反應大眾利益,它應該由選民代表來確定。所以獨立性意味著操作工具的制定及中央銀行為實現最終目標必須進行的不同政策選擇。

2. 從委託—代理制的角度考察

獨立性的意義在於排除了政府的干預。由選舉產生的政客們注重的是短期利益,會有意選擇在短期或下一屆選舉中對他們有利的政策,因此,價格的穩定依靠他們不足以得到保證,社會應將貨幣政策和價格穩定目標托付給技術性官僚,這部分人不受選舉誘惑,會看得長遠一些。在這種委託程序中,假定自主權授予精選的代理人,代理人要完成委託人規定的目標,委託人指社會,或其民主代表——政府。因此,獨立性一般是指工具獨立性,而不是目標獨立性。但是如果目標規定得模糊,中央銀行也享有目標獨立性。

實踐中,中央銀行改革的最新動態可以歸結為:改革中的關鍵部分是制定清晰的貨幣政策目標,在將最終目標轉變成操作目標上,留給中央銀行靈活性。雖然從 1989 年的《新西蘭儲備銀行法》開始,一系列國家進行了立法改革,將價格穩定確立為貨幣政策的首要目標或唯一目標,但是在關於價格穩定目標如何轉變成可以指導政策的操作目標的制度機制上,卻差別較大。在新西蘭,政府與儲備銀行行長之間簽訂的「政策目標協議」(PTA),是

一種正式文件，指定了通貨膨脹目標的量化區間，但是儲備銀行可以自行選擇用來計量通貨膨脹率的價格指數；在歐盟區，ECB以指定的價格穩定為目標，但在操作目標上享有很大的自由；在英國，政府制定通貨膨脹目標，由英格蘭銀行負責完成；在美國，國會規定貨幣政策的廣義目標，但聽憑聯儲將其轉變為操作目標。

二、獨立性的意義

今天，經濟學家和政治家們都普遍讚同，在持久地改變就業狀態上，貨幣政策的影響十分有限，但是它卻能夠暫時影響增長。所以，對政策決策者來說，總是存在誘惑：企圖在短期刺激經濟活動，降低失業。為了抑制這種膨脹性政策機會，大多數國家的政府或權力機關都主動授予中央銀行獨立性，一般還明確規定以價格穩定為目標，有些還建立起責任評價、審查程序。貨幣政策的委託—代理制有利於低通貨膨脹的培育。

一種理想的貨幣承諾機制，應該強加必要的約束以解決可信性問題，但同時給政策制定者留下充分的靈活性，以便在衝擊發生時可以採取最優手段，這是有關「規則與相機」爭論中的經典問題。在這一點上，獨立性顯然存在福利優勢。由於將貨幣政策委託給獨立的中央銀行，可以減輕甚至消除政治、黨派因素引發的時間不一致性問題，因此中央銀行越獨立，反通貨膨脹政策的可信度越高，結果會使名義工資指數化程度降低，而剛性程度增加，這樣貨幣政策就有更多的留意週期性因素的機會。當經濟減速時，通貨膨脹壓力也往往減小，就可以放鬆貨幣政策，反之，則緊縮貨幣政策，這樣，貨幣政策提供了與生產、就業等發展相適應的通貨膨脹率，在促進增長的同時不引起經濟紊亂。實證顯示，獨立性帶來低通貨膨脹可信性，卻不加大產出的波動，即不丟失靈活性。

中央銀行獨立性，可以避免選舉性商業週期或者黨派性週期造成的扭曲，將貨幣政策與機會主義、黨派性影響隔離。由於貨

幣政策長期中性,短期非中性,因此,如果選民缺乏遠見,或者持有適應性預期[1],則會遭受政府有計劃的愚弄;即使具有理性預期,由於不完全知道政府或它執行的政策的某些特徵,信息不對稱也會允許在職者製造經濟週期。

政治商業週期理論認為,自利的政客為了追逐官職,會利用財政貨幣政策影響經濟:在選舉之前,執行擴張性政策,減少失業,增加就業人口;選舉勝利后,執行緊縮性政策,減輕選舉前虛假繁榮造成的通貨膨脹后果。黨派性週期理論認為,由於黨派之間的意識形態不同,黨派性政府的行動以自己的政治選民的利益為宗旨,所以其政策選擇、結果,尤其是通貨膨脹存在差異。實證表明,第二次世界大戰后,OECD 國家在選舉前執行擴張性政策,在選舉后則發生黨派性週期。Walsh 等根據中央銀行行長任命中的黨派性與任期兩個因素,將獨立性進行參數化處理,並得出結論為:獨立性增大,黨派性在任命過程和任期長短上起的作用會減小,則產出的波動降低,平均通貨膨脹水平下降。

中央銀行獨立性,還可以增大財政當局(或政策)支配貨幣當局(或政策)的難度。如果貨幣當局處於支配地位,並領先行動,則財政當局會適應,並滿足政府長期預算約束要求。因此,通貨膨脹與貨幣當局的期望一致(Sargent,Wallace,1981)。

三、獨立性承諾機制的模糊性

政府制定制度,約束自身的相機決策,如果它修改、推翻約束性制度不產生政治成本,則這種承諾安排不會產生可信性收益。如果政府違背承諾無須付出代價,與政府自己操作貨幣政策相比,則這種安排對通貨膨脹預期不會產生更大的影響。但是在讓政府負擔成本之前,必須覺察到其機會主義表現。若政府背信,而公眾卻不能發現,或者無法將政府的玩弄性伎倆與未被預期到的干擾區分開,則政府就可以蒙混過關,所以承諾的可信性,需要

---

[1] 即屬於后顧類經濟主體。

透明度和成本的協同作用。

中央銀行獨立性屬於承諾機制,能夠幫助政府維持低通貨膨脹政策的可信性。雖然增加中央銀行獨立性的制度安排,通過明確中央銀行與政府雙方的責任,提高了政策的透明度,公眾可以更清楚地觀察中央銀行與政府的行為並進行監督,但是,法定獨立性屬於模糊的承諾技術,難以監測。如果一國的公共決策不透明,並且不受約束(即獨裁),則政府必須仰仗約束性更強的承諾技術。如果貨幣政策具有透明度,則政府向中央銀行施加壓力,或者說侵越獨立性就可以被公眾察覺。

例如,ECB 無論是形式上還是事實上,都是全球最獨立的中央銀行[1],但媒體、市場參與者和國際組織,皆批評與美聯儲的操作策略相比,它的貨幣政策存在大量的不確定性。一些分析指出,這是因為制度特徵,如獨立性、量化目標的作用不大。因此,僅僅授予中央銀行獨立性還不足以保證政策透明度(Demertzis, Hallett, 2003)。

1. 法定獨立性與實際獨立性

「獨立性」是一個法律地位問題,也同樣是一個實踐問題。中央銀行實際獨立性與法定獨立性可能相差甚遠,即使有關法律規定比較明確,但也存在許多因素,如習俗、個性和權力等,影響到中央銀行的實際獨立性。例如,許多發展中國家和轉型國家的中央銀行法得不到充分執行;中央銀行行長的個性和能力;政府與中央銀行間的非正式關係;微妙的政治影響方式;歷史經歷所沉澱出的「穩定文化」或「通貨膨脹文化」(Wagner, 1999)背景;普遍樂於尊重法律的社會環境;等等。它們左右著中央銀行的實際自主權。所以,獨立性是一種不透明的承諾機制。

承諾只有在可證即時才有效。就制度承諾而言,透明度使公眾能夠證實、懲罰政府的不良行為。如果貨幣政策缺乏透明度,

---

[1] 正是這種史無前例的高獨立性喚起了人們對中央銀行責任制的關注。

公眾要監測政府對中央銀行的干預就非常困難[①]。中央銀行實際自主權的測量異常棘手,而實際自主權才是可信性的根本。大多數中央銀行獨立性指數,是從中央銀行法可觀測到的特徵入手,如任命程序、解職規則、任期長短等。但是簡單地解讀中央銀行法,並以這種方式測量的獨立性十分不完全。實際的獨立性是可以增強可信性的,而僅僅憑藉法律本身,是不能決定獨立性的大小的。政府可以採取多種形式對中央銀行施加非正式壓力,減少、改變它的法定獨立性。例如,只是威脅將廢止一部分或全部獨立性,就可以達到目的。而且政府還可以將事后中央銀行的政策變動歸咎於未預期到的貨幣干擾。公眾辨別貨幣需求,如流通速度衝擊不穩定的影響或政府干預的能力,會因基礎貨幣變化到通貨膨脹的傳遞時滯,而進一步複雜化。

獨立性承諾機制的模糊性說明,獨立性的可信性因公眾無法直接觀測失信行為而不能證明。因此,將貨幣政策授權給獨立的中央銀行,並沒有解決可信性問題,「獨立性只是將可信性轉移給制定授權決策的政府」(McCallum, 1995)。為此,還必須保證政府對中央銀行獨立性的承諾可靠,因而透明度是一種可能的選擇。

透明度可以防止中央銀行的權力遭受侵蝕。雖然法定獨立性存在,但仍有必要公布指派給中央銀行的任務,披露它的實際責任、它與有關政府部門間的隸屬關係,否則,中央銀行依然會受政治壓力脅迫,在特殊情況下,可能不得不屈服,獨立性變成了一紙空文。在透明度下,中央銀行可以爭取公眾同盟,這樣更容易保護自己,抵制政府或利益集團的壓力。

2. 透明度與觀眾成本

如果政府發出威脅或承諾,隨后卻沒有執行,則將蒙受「觀眾成本」(audience costs, Fearon, 1994)。觀眾成本大部分取決於國內民眾懲罰領導人的難易程度。

[①] 獨立性的監測還有另外兩種涵義:一種是獨立性的計量;一種是監督中央銀行的決策過程。

觀眾成本是政府因違約而承擔的政治成本。貨幣政策透明度,一方面降低了警惕性高的公眾對政府操縱貨幣政策的發現成本;另一方面提高了政府對中央銀行的干預成本。在眾多支持中央銀行獨立性的私人利益集團中,最強大的是金融服務部門,作為信貸者,銀行自然期望通貨膨脹低。此外,還有養老金領取者、固定利率的公司政府債券機構投資者等,這些群體具有特別的監督激勵。貨幣政策透明度,讓他們可以辨別流通速度變化、政治壓力,或其他「無法控制」的力量招來的貨幣擴張,更容易監督政府行為。

　　事實上,透明度在強化中央銀行獨立性方面也扮演了非常有價值的角色。歷史表明,即使有極其良好的政策初衷和非常配合的社會制度體系,一旦中央銀行制定的某項適合長期發展的政策在短期內被抵制時,其獨立性也會受到威脅。在透明度下,明確的政策目標和策略對中央銀行極具幫助性,使它能更好地解釋根據長期價格穩定和可持續經濟增長兩大目標選擇的政策。

　　如果中央銀行的目標不清晰,不明確界定,則它不可能完全獨立;同樣,如果它不公開報告自己的行動,也不會保持獨立。透明度的一大意義在於,減少了偏好的波動。只有不透明的中央銀行的偏好才善變。一些實證分析顯示,在所考察的國家,全都存在中央銀行獨立性與透明度之間強的正相關性。例如,Fry 等人利用 93 個國家的數據分析得出,政策解釋透明度與獨立性指標之間的相關係數為 0.42,這裡獨立性反應的是法定的價格穩定目標、目標和工具獨立性、預算赤字的貨幣性融資限制與任期長短。

第二節　獨立性與民主責任

　　實現低通貨膨脹可以採取不同的機制,而獨立性顯然是最受推崇的一種。工業國在幾十年前就開始將貨幣政策的決策權授予中央銀行,ECB 的創立使這種趨勢達到了極點,根據章程,ECB

是最獨立的中央銀行。將貨幣政策委託給獨立的中央銀行,有利於解決相機政策下的通貨膨脹傾向,但是中央銀行獨立性這種委託式貨幣制度安排必然引致社會成本:獨立性增加會壓制民主力量。

中央銀行獨立性從制度上分離了政府和中央銀行之間的責任。貨幣政策的責任、權威脫離政客,特別是行政、立法部門的控製,可以為價格穩定的維持創造有利條件,為減少通貨膨脹造就合適的環境。但是獨立性可能招致民主責任的喪失。中央銀行獨立之后,一方面可能轉變為追逐自身目標的官僚機構,無視社會福利;另一方面中央銀行,或者說一般的政府機構,可能會使用隱密方式來掩藏錯誤、愚蠢或者無能。所以,監督對民主制來說是必要的。透明度的作用在於:它引起了社會對貨幣政策的公共興趣,增大了中央銀行的策略、操作程序的可見性,因而提供了監測貨幣政策的機會,迫使中央銀行對公眾更負責;同時,也防止它濫用權力或者決策獨立性。

一、民主虧空與責任要求

中央銀行獨立性,作為一種制度選擇,它必然引起「民主虧空」(democratic deficit, Briault, Haldane, King, 1997)。將權力委託給非民選的官僚,可以理解為是對民主的稀釋。例如,給予了中央銀行權力,它卻不負責,這就是民主虧空;Francesca Castellani(2002)認為,政府和經濟主體都不知道貨幣當局的偏好這一事實是「民主虧空」。民主虧空是一種對社會不利的副產品,它讓政策追逐私人利益而背離社會最優路徑,所以需要非民選機構對自己的行為負責。即對民選代表的決策負責,民主虧空引發了責任要求。

責任制問題的根源在於,將政策工具委託給非民選機構的個人成本與社會成本不同。非民選機構有關宏觀經濟目標的偏好

不反應社會①的偏好,所以需要正式的責任機制來分清社會成本與個人成本。一般來講,在委託人—代理人關係中,前者會因對後者的偏好知識不完全而受到損害,在這種意義上,對責任的要求便具體化為對透明度的要求,以便監測代理人事后行為與委託人的指令相符的程度。

政府沒有能力可信地承諾最優貨幣政策,所以將貨幣政策委託給獨立的中央銀行。而中央銀行的產出、通貨膨脹偏好屬於被任命的官員的私人信息,因此,委託對社會來說,其收益是較低的通貨膨脹,成本是貨幣當局偏好的不確定性。

如果中央銀行的偏好不確定,給它強加上正式責任制,會減輕信息不對稱的負面影響;否則,由於偏好不確定性不存在,意味著沒有發生「民主虧空」,因此不需要正式的責任方案。偏好衝擊的波動越大,相應的責任要求越嚴厲。強加的責任要求如果與偏好波動大小不符,如責任要求過於嚴厲,最終會給政府造成損害。

就責任制的最優嚴厲程度來看,風險厭惡度不同的政府,對責任的需要各異。如果通貨膨脹厭惡度既定,政府由於產出目標高,或者結構問題嚴重等原因而具有更大的通貨膨脹傾向,則它對責任要求的嚴厲度越低。委託會產生可信性收益,提供有利機會,所以政治當局會看重這種收益,而降低對中央銀行的責任要求。在「弱」透明度制度下,要真實地揭示偏好衝擊,需要正式的責任制配合,相比之下,在「強」透明度制度下,中央銀行本身會十分負責。

二、民主責任

中央銀行是由社會認可的操作貨幣政策的實體。社會相信,過度利用貨幣工具是政府的天性,政府為了達到自己的目的會不擇手段,於是將貨幣政策責任托付給獨立的中央銀行。這種民主合法性,要求中央銀行應當對社會,至少應當對社會選舉的代表

---

① 如工資調整者、私人部門等。

負責,即負責實現社會福利,完成中央銀行章程規定的目標。

民主責任與民主控製兩個概念經常被混淆。民主控製是指對行政權使用的3個制約:「事前控製」界定的規則、標準及民選機構提前制定的原則,這些要素一起構成責任機構在履行職責中需要遵守的準則;「責任」是聽取批評,並回應由民選機構可能提出的有關過去、未來行為的問題,它是一種行為;「民主委任」指通過民主程序而產生的職權。由上述標準定義的民主控製具有普遍適用性,所以不可能對中央銀行完全適用。獨立的中央銀行既不接受民主委任,也不決定它自己的政策目標,這意味著,中央銀行已經變成一種新的民主權利的獨立分支。中央銀行所收到的指令來自於政府或法令,它遵照特定的目標完成特定的任務,只有「事前控製」與「責任」這兩條標準才對它確實適用。

責任制執行方式與中央銀行獨立性密切相關。對無獨立性的中央銀行的事前控製,會受政府總經濟政策影響,構成控製基礎的規則、原則,依賴政府的政策目標和政府執行部門所面臨的環境,可以不斷修改。例如,貨幣政策可能取決於政府的慾望,輪流考慮價格穩定和經濟增長,這種情形下,就沒有必要提前清晰地規定中央銀行的任務和貨幣政策目標。

中央銀行的責任,首先可以從法律上強制中央銀行向權力機關,如國會、議會等報告、解釋其行為;授予權力機關更周密的決策監督手段;明確確立、闡述各個目標的優先次序。其次,如果不修改法律,也可以借助於透明度來增加中央銀行的實際責任。透明度減少了貨幣政策的不確定性,從而使公眾能夠更準確地推斷貨幣當局的目標,預期出錯的可能性變小。在透明度下,私人預期和中央銀行聲譽對中央銀行的行為都更敏感,這樣,中央銀行要放棄執行一項已發出聲明的政策的成本將增大,因而其背信的激勵減少,通貨膨脹傾向、波動都會減弱。所以,對面臨嚴重可信性問題的國家而言,為了達到使中央銀行負責的目的,透明度手段尤其具有吸引力。

讓中央銀行對貨幣政策負責有幾種可能方式。①合約約束。

它指明未達到政策目標時的懲罰辦法，甚至可以牽涉到中央銀行官員的職務罷免。實踐中，只有新西蘭運用這樣的合約。另外，還可以實行輕微的制裁，如當政策結果與目標偏離較大時，中央銀行僅向政府做公開解釋，如英格蘭銀行。②立法機關監督。在目標未達到時採取正式責任程序並不普遍，相反，最常使用的中央銀行責任制形式，是由立法機關監督。③社會評估。最近，出現了一種新責任制形式，即由外部專家公開評估貨幣政策框架。新西蘭、英國已開始實行這種操作辦法。④責任轉嫁。貨幣政策責任制，還可以通過跨越機制將最終責任轉嫁給政府。但是，政治干預會危及中央銀行的獨立性，因此跨越機制的不利效應，需要根據牽制與平衡原則(checks and balances)，通過建立明確的跨越程序予以限制。

在實踐中，英格蘭銀行與德國聯邦銀行各自強調的責任重點不同。前者注重委員個人的投票情況，強調透明度充當責任制實現手段的意義，並且政府在某些情況下可以接管貨幣政策；而后者，它從不被政府要求「正式」負責，這也許是因為兩國政府對價格穩定的重視程度不一樣的緣故。

三、獨立性與責任負相關

實證分析立足於實際觀察，構造了許多種中央銀行責任指數，它們都將透明度與責任結合起來考察，視透明度或信息披露為責任的一部分。例如，Briault, Haldane, King(1997)依據議會監督、會議記錄發表、貨幣政策報告公布以及跨越機制(顯性與隱性)這4個方面的狀況，構造中央銀行責任指數，即考察中央銀行是否受議會的外部監督；是否公布有關政策決策的會議記錄；除了標準的中央銀行簡報外，是否還公布某種通貨膨脹或貨幣報告；是否存在一項指定在某些衝擊發生時中央銀行被跨越的條款。Haan, Amtenbrink, Eijffinger(1999)重點考察：①貨幣政策目標的清晰程度與分級情況；②貨幣政策報告、會議記錄與政策公開評估的信息披露；③國會監督、跨越機制和免職程序所反應的

貨幣政策最終責任。Fry等(2000)人則考察的是：①針對目標明確度而言的責任；②一般性公共責任，具體包括政府制定的目標的明確度、偏離目標的正式責任程序，以及立法機關監督的正規程度。

Bini-Smaghi,Gros(2001)構造的中央銀行責任指數內容尤其豐富,他們採用15個標準,並將這些標準分為4組：

(1)目標明確度,包括最終目標、量化否；

(2)實現目標的策略,包括策略聲明、仲介目標聲明、指標聲明；

(3)數據/預測公布,包括使用的宏觀模型、目標數據、通貨膨脹預測；

(4)交流策略,包括議會聽證、報告頻率、新聞發布會、發布新聞稿、未來行動說明、會議記錄公布、個人投票記錄公布。

以上這些標準考察了中央銀行在與輿論、市場參與者和其他機構之間的互動上所運用的手段。

第一組針對的是中央銀行的目標。給中央銀行規定一項清晰的任務,有利於明確它的責任。如果目標界定明晰,則責任會進一步明確。目標越精確,如量化目標,可以使中央銀行越負責。否則,市場參與者會懷疑中央銀行還要追求其他政策目標,而導致可信性損失。

第二組涉及實現最終目標的策略。受中央銀行支配的操作目標,最終由市場狀況決定。在對中央銀行操作目標的理解上,市場參與者如果不存在任何障礙,就能隨時監測中央銀行的行為；如果知道政策決策模型,就能分清不同的貨幣政策工具,如「官方」利率與「政策」利率。

由於政策從執行到對價格水平產生效果存在一定的時滯,大約為18個月~24個月,所以通貨膨脹率只提供了過去的貨幣政策信息。為了評價當前的政策,需要參考未來一兩年的通貨膨脹表現,而這一指標是不可獲取的統計量。就同時可觀測的變量而言,仲介目標一般用來表示未來通貨膨脹情況,此外還有匯率、貨

幣或信貸總量等指標,這些指標折射了通貨膨脹壓力。仲介目標聲明,讓公眾能夠監測中央銀行對通貨膨脹壓力的反應情況,因此可以核查它是否在堅持價格穩定目標。

指標聲明對評價貨幣政策的適當與否也具有重要意義。由於一般很難以找到能使未來通貨膨脹成為目標的唯一變量,因此中央銀行使用指標來解說對仲介目標的偏離,判斷是否應作政策反應。

即使首要目標是價格穩定,中央銀行也可能追求次要目標,如支持政府的經濟政策。一般來說,在低通貨膨脹時期,評價中央銀行,實際上是看它對增長與就業的貢獻。所以,即時公布仲介目標、指標數據,有助於公眾理解政策;預測與評論通貨膨脹趨勢,也會幫助公眾分清不同的政策制定機構間的責任;中央銀行發布公開報告,在報告中提供目標、指標數據,並解釋政策,不僅說明政策邏輯,還參照已公布的目標,指出政策的執行情況,報告制度也可以實行在權力機關的聽證會上提示證詞的方式;新聞發布會是中央銀行與公眾交流的一條重要途徑,如果不舉行,也可以發布新聞稿,簡要說明決策情況和政策動機;公開會議記錄,可以透露中央銀行決策的背景分析與推理,這種信息可以具體到個人的決策情況,如披露個人投票情況。

實證分析顯示,獨立性與責任負相關。例如,Briault 等對 14 家中央銀行獨立性與責任的實證分析發現:責任與中央銀行目標獨立性逆相關;在反通貨膨脹方面,享有良好聲譽的國家,其責任水平低,而聲譽差的國家正相反。這說明,責任,主要是透明度,是中央銀行聲譽或獨立性的部分替代品。Nolan, Schaling(1996) 使用同樣的責任指數,也證實中央銀行獨立性與責任負相關。Haan 等對中央銀行責任進行了更詳細的量化,從法律(1997 年) 入手,對 16 家中央銀行的獨立性與責任進行簡單迴歸,結果發現,獨立性與「目標」責任正相關,但相關性很弱;獨立性與另外兩類責任,即「透明度」、「貨幣政策的最終責任」負相關,其統計顯著性強。Sousa(2002) 使用 Haan 等的責任指數,考察了 33 家中

央銀行獨立性與責任的關係,得到了相同結論。

這些責任指數立足於實際觀察,所得結論與對責任的規範分析相符。它說明,中央銀行獨立性這種貨幣制度安排,在某些方面侵蝕了民主責任,引發了「民主虧空」,需要透明度與責任制進行必要的制約。

第三節　透明度與責任制

貨幣政策影響社會福利,因此,中央銀行的所作所為必須與它的責任要求一致。如果中央銀行的獨立性大,它有可能無視社會的偏好,也就是說,中央銀行自主權與責任之間存在衝突。實證也表明,獨立性與民主責任負相關。

一、相關文獻

過去 15 年,政治經濟獨立性被認為是中央銀行取得良好業績的主要原因。但隨著中央銀行獨立性的提高,社會日益需要政治合法性和公共責任,從而需要透明度(Blinder et al, 2001),因此,這兩個中央銀行特徵往往緊密聯繫在一起。透明度和獨立性結合,共同增強可信性(Eijffinger, Hoeberichts, 2000);相反,Geraats(2002)認為,最容易遭受或者擔心政治壓力的這些中央銀行,現在是最不願意在操作上透明,她的實證分析顯示,獨立性與透明度的相關係數為 0.43。

就透明度與責任的關係而言,一般認為透明度是責任的先決條件。例如,「不言而喻,透明度是實現責任的途徑,要使貨幣當局對它的決策負責,透明度是前提條件」(Francesca Castellani);「事實上,透明度是責任的必要條件」(Geraats)。顯然,一定程度的透明度是責任的必要條件,但它並非充分條件。

責任就是「應負責」的本質或狀態,一個人應對自己的決定或行動負責;責任概念和獨立性、民主概念密切相關,在典型的民主

制中,議會(或政府)由公眾選出,至少通過選舉過程達到負責的目的(Sousa)。

透明度概念與責任很接近。Geraats 指出,在概念上,透明度是指純粹的信息披露,而責任則關係到一個人對其行動的解釋,並對自己的行動負責,包括因政策效果達不到目標而可能受到的責任追究。「透明度僅僅與信息披露有關,而責任還涉及貨幣政策行為責任的承擔,以及可能在貨幣政策出了問題時的責任追究」;責任直接影響中央銀行的激勵,而透明度的激勵效應,只有間接地通過私人部門的預期發揮作用。

Geraats 從經濟角度提出了獨立性—透明度的新解釋範式。將貨幣政策委託給不具有獨立性的保守中央銀行,透明度,即披露構成政策行為基礎的經濟信息,會招致更大的政治干預。原因在於,透明度讓政客可以推斷中央銀行的意圖,一旦貨幣政策不符合政客的擴張性偏好,他們就會採取干預措施。因此,對缺乏獨立性的中央銀行來說,隱密性是將它自己與政治壓力隔離的一種有效手段。如果貨幣政策由政客控製,透明度會改善激勵,滋生更低的通貨膨脹傾向。

Issing(1999)認為責任與透明度的區別在於,前者與中央銀行的「行為」有關,即對政策制定(行為)負責,后者與中央銀行在交流策略中使用的「辭令」有關,是中央銀行採取的交流策略(辭令);強調責任,因而延伸到透明度這特別的一面,根源於中央銀行的獨立性,取消政府的貨幣政策操作權,本質上是不民主的做法。解決這個問題的一個辦法是,迫使貨幣當局通過議會、媒體等渠道對一般大眾負責,「在一個民主社會,貨幣政策制定中的高透明度與責任要求,強化了中央銀行的合法性,鞏固了公眾對它的價格穩定法令的支持。而且,透明度對政策制定者強加上紀律約束,這意味著要保證貨幣政策策略能被普遍理解,因此反過來可以增強可信性,提高貨幣政策的有效性……」

責任問題的產生,是因為社會對中央銀行的期望,即實現社會最優政策,與中央銀行的實績之間存在潛在矛盾。出現這種差

異可能有許多原因，不確定中央銀行的目標或偏好便是其中之一。Francesca Castellani 等認為，責任具有事后特徵，在貨幣政策制定以後，政府代表或更一般的是經濟主體，評價中央銀行的業績，使貨幣當局在事后負責。例如，在歐盟(EMU)，貨幣決策每兩週一次，而歐洲議會對這些決策的評估則是每季度一次。責任定義為事后的權力行使，常常與政治壓力攪在一起，而透明度是中央銀行就它的交流策略進行的事前決策。

Bini-Smaghi, Gros 則認為，責任指中央銀行報告、解釋其行動和業績的法定義務，這種義務根源於委託權，而透明度遠遠超過了執行規定的報告義務，它是「更微妙的責任形式」，關係到「業務手段」。責任與透明度之間的區別在某種程度上是人為的。例如，ECB 的目標和任務在《馬斯特里赫特條約》裡有明確的規定，儘管它有明確的報告義務，但對它的責任要求還包括做到能夠被普遍理解，不僅議會，也包括一般公眾。廣義的責任概念，不只限於法定要求，還延伸至廣義的透明度概念和貨幣政策的公開。

實際上透明度與責任有時區分不明顯。嚴格地說，「責任」指政策制定者因其行為結果而受到批評或讚揚的程度，可能也包括方式。例如，英格蘭銀行的貨幣政策委員會成員，定期接受議會財政特別委員會的公開質詢，當實際通貨膨脹偏離目標超過1%以上時，行長還必須提供公函解釋。相比之下，「透明度」指語言或意圖。一項政策措施可能成功或失敗，但是其成敗，可能與意圖相符，也可能與意圖不符。在透明度下，可以判斷失敗的行動[①]是否與意圖一致。「如果缺乏透明度，民主責任的其他任何安排，不管是什麼，它們發揮的作用都極其有限，因為，有關中央銀行行為的信息是其業績評價的關鍵所在」(Haan, Amtenbrink, Eijffinger)。

在實踐中，獨立性與透明度不需要一同運轉。例如，美聯儲和1999年前的德國聯邦銀行獨立卻不透明；另一個例外是，1993

---

① 通常核查的是這類。

年英格蘭銀行在缺乏獨立性的時候提高透明度。但是,隨意的經驗觀察表明,中央銀行獨立性—透明度是貨幣政策新範式,如新西蘭、加拿大、英國、瑞典、澳大利亞、巴西、瑞士等國家的中央銀行,既獨立又透明。

現在,儘管國家之間的制度改革細節有所不同,但強行推進的改革,一般都是提升3個廣義目標。首先,政策框架必須確保經濟具備名義錨。提供名義錨,進而保障明確的均衡價格水平,是中央銀行的義務。雖然20世紀80年代,大多數發達國家降低了通貨膨脹,並在90年代維持了低通貨膨脹,但在許多發展中國家,通貨膨脹依然是一個嚴重的問題。對貨幣穩定而言,獨立性被公認是實踐中達到低通貨膨脹目的最行得通的一種制度安排。其次,政策框架應該透明。透明度,使公眾容易對中央銀行的政策目的作清晰判斷。最后,政策框架應該包含促進責任的機制。這最后兩個特徵之間相關,一種政策如果不透明,也就不可能包含合適的責任手段。

新西蘭改革,就是意圖推進所有這3個政策特徵的一個很好例證。儲備銀行被正式指派負責維持名義錨,實現價格穩定是它唯一的任務。透明度體現在,公開宣布PTA協議的通貨膨脹目標,而責任表現為:只要通貨膨脹目標沒有實現,不管相差多少,都要求行長加以解釋;如果違反了PTA,財政大臣則有權解聘行長。

二、信息披露是責任的內在要求

中央銀行由於責任使然而為公眾提供對稱信息。貨幣政策是最具社會影響力的公共政策之一。中央銀行擁有獨立性后,它的社會責任增大,因此,有義務將它的決策情況公布於眾。另外,社會責任也需要中央銀行解釋、交流它的行為基礎。中央銀行壟斷著基礎貨幣的供應,即使與私人部門相比,它的資產負債規模也很小,但由於基礎貨幣是最終的交易媒介、最后的支付手段,因而它也對交易價值產生巨大的槓桿作用。所以,維持價格穩定是

中央銀行的首要目標,為了達到這個目的,交流、溝通非常重要。透明度便於提升公眾對中央銀行行為的理解力。例如,在低通貨膨脹時期,往往存在一些對低通貨膨脹目標的非議,認為中央銀行過於看重通貨膨脹而犧牲了增長和就業,因此,中央銀行需要舉行開放式對話,宣傳維持穩定目標的必要性,解釋貨幣政策促進經濟增長的方式是維持價格的穩定。

總之,中央銀行向外界展示它的政策思路,包括闡明通貨膨脹目標;解釋通貨膨脹的影響因素;說明如何根據對通貨膨脹的判斷來制定貨幣政策措施;以報告、簡報等形式公布預測、評估情況;在公布的間隔期,還隨時通過發表講話等途徑糾正先前有誤的經濟看法;等等。這些透明度做法,一方面是中央銀行的責任,另一方面也提高了它的公信度。高的公信度意味著貨幣政策無須憑藉強大的政策信號就能夠取得滿意的效果。低通貨膨脹、高可信性環境更有利於中央銀行完成它所擔負的社會責任,即熨平增長和就業的波動。

三、透明度與責任評估

中央銀行最終是對公眾負責,所以必須有可得到的信息來評判貨幣政策。中央銀行負責貨幣政策,但貨幣政策目標由法律條款規定,或者由政府與中央銀行協商。作為非民選機構,中央銀行一般是對政府,或權力機關,或一般大眾負責,擔當政策管家的角色。為了使這種責任制有效,監管者必須有充足的信息來評價中央銀行的政策操作情況。如果中央銀行不能解釋清楚它的決策,就說明這項決策有可能是不良的。在透明度下,公眾能知中央銀行之所知,從而可以判斷它的決策是否正確,可以評價它是否盡職盡責。例如,有關的經濟新信息顯示通貨膨脹可能上升,在政策透明的情形下,公眾能夠判斷是否應提息,若需要,應提高多少,這樣,他們就可以評斷中央銀行是否採取了正確的政策。

透明度還有利於分清中央銀行的責任。中央銀行的業績可以根據觀察到的政策結果來加以評估。如果貨幣政策的首要目

标是价格稳定,则可以根据定期公布的通货膨胀观测值来评价中央银行的业绩。但是货币政策从调整到对价格水平产生实际作用,其间存在一定的时滞,一般是两年左右,因此,观察价格水平,只可以评价两年前所采取的政策措施,这对市场参与者和一般公众来说,意义不大。此外,还有两个要素会进一步将责任考评复杂化。首先,通货膨胀在长期但并非在每一时点上都是货币现象。在短期,通货膨胀受许多其他变量支配,如劳动成本、进口价格、进口税等,这些因素远在中央银行的控制之外,而且难以预测,因此,如果价格稳定的暂时脱轨不是中央银行的行为造成的,它就不应对此负责。但是,市场参与者如何才能知道这些偏离是由货币因素还是其他原因引起的? 是否只是暂时的? 这些问题也是识别中央银行责任的根源所在,市场参与者简单观察价格水平,并不能分辨这些问题。其次,还有一种信息不对称影响对中央银行的责任评估。政府对货币政策决策的评价,是一种事后工作,与中央银行的政策制定不同时进行,因此,决策的制定与鉴定所依据的信息集合可能有所不同。例如,ECB每两周调整一次利率政策,而欧洲议会的评价则是每季度一次,因而在间隔期所获取的信息对政策评价可能产生影响。政府在评论政策时,很可能利用所有的现有信息,包括在决策之后才可以得到的那些信息,来建立审查中央银行的责任标准,如果货币政策缺乏透明度,则可能导致评估扭曲:现在认为是错误的政策,也许在当时是政策制定者在可以利用的既定信息条件下所作的最优抉择。所以,信息不对称可能在评判中起关键作用,从而扭曲政府对中央银行行为的审查结论。对中央银行来说,也可能会因担心引起不公正的评价,而在政策制定中表现得过于谨慎。

四、透明度强化了责任制

对独立的中央银行来说,责任制履行方式需要明确规定。独立性只有在制定了相关的界定中央银行行为边界的规则之后才能赋予,事前控制是代理权的必要条件。如果中央银行可以决定

自身的目標和政策,就會演變為政治機構,不可能獨立於政府。因此,責任制就是以滿意的方式為中央銀行制定「最優合約」,這種合約必須保證給中央銀行提供恰當的激勵,使它追求法定目標。在這種責任制下,政府不會因特殊的、變化無常的利益需要而不斷修改中央銀行的行為規則。

透明度是貨幣政策責任的強化機制。正式目標、量化目標、明確的業績指標等透明度形式提供了責任評價標準,明確了責任主體;政策決策透明度,包括決策依據、過程和結果的公布,為監督中央銀行的意圖、行為提供了便利,從而使政策的事前責任承擔成為可能,並有助於根據政策效果確定事後責任。透明度發揮效力的原因在於:責任履行方式與事前控製的具體辦法有關。如果事前控製,包括免責條款,規定得模棱兩可,則責任的質差;如果不具體指定中央銀行的目標,則貨幣政策決策與中央銀行的最終業績之間可能失去相關性;如果有了指定的免責條款,雖然中央銀行有可能在一些未指明的情況下偏離目標,但差的業績是否合理,可以在事後得到證明;如果公眾漠不關心中央銀行的貢獻,則肯定會淡化後者的責任感,但只有在貨幣政策具有透明度的條件下,公眾才可以關注中央銀行的業績狀況。所以,透明度不僅是責任制執行的先決條件,還是責任制的強化手段。

另外,透明度可以充當責任監管的補充手段。首先,透明度可以最小化政策制定者因政治目的而操縱政策的機會。開放、透明的政策目標與程序,讓市場可以不斷監督中央銀行的行為,容易覺察出貨幣政策的任何政治操縱,一旦出現了這種操縱,市場會很快作出反應,立即修正通貨膨脹預期。因此,在透明度下,中央銀行實施意外的刺激性政策的機會將受到嚴格限制。其次,透明度也可以充當權力機關監管的補充手段。貨幣政策信息披露得越及時、詳細,金融市場的功能就越強,從而使這些市場在事實上對貨幣政策進行紀律約束,補充權力機關的貨幣政策監督。因此,權力機關可以採取透明度策略,強迫中央銀行受制於市場紀律。實際上,權力機關可以將一些監管責任權下放給市場以簡化自身的監管職責。

小結

　　一般認為是政治因素在透明度的推行中起了關鍵作用。為了防止政客追逐貨幣政策的短期利益,中央銀行日益獨立。10年前,只有大國才擁有獨立的中央銀行,如美國、德國和瑞士,但現在已擴展到阿根廷、巴西、智利、墨西哥、日本、英國等國,中央銀行已經登上了權力和責任的巔峰。雖然獨立性限制了當選的政府官員在貨幣政策日常操作中的作用,被看成產生更大的政策可信性、實現和維持低通貨膨脹的手段,但是它卻帶來了「民主虧空」這種社會成本。中央銀行偏好的不確定性是「民主虧空」的關鍵所在,而「民主虧空」侵蝕了委託機制,所以需要確保貨幣當局負責的正式機制。於是許多人,如 Briault, Haldane, King, Geraats 等主張,中央銀行獨立性的民主合法性應該借助於貨幣政策透明度來加強。

　　實際上透明度不只是對獨立的中央銀行責任要求的外在化,正式獨立的中央銀行,依然不能對低通貨膨脹作可信的承諾,因為獨立性並不能完全隔離貨幣政策的政治、黨派影響。如果貨幣政策缺乏透明度,政府仍然有可能破壞中央銀行的自主權,而且獨立性不可以直接觀測,因此,它自身不能產生充分保證低通貨膨脹承諾所要求的政治成本。公務決策也在一定程度上體現了包括政治因素在內的各種利益集團的鬥爭情況,一旦公開化,政府隱藏其行為和逃避機會主義成本的難度會更大,因此,當政府的相機行為受到透明度約束時,即使像獨立性這種模糊的貨幣承諾技術也會變得可靠。

　　另外,隱密本身不違背民主責任原則。中央銀行是政府的一個部門,照樣通過選舉的公共官員對公眾負責,這要求開放,但不一定是公開披露。當然,目的正當,絕不能說明手段的合理性,因此,中央銀行官員不僅要負責實現目標,而且所採取的手段還要

符合社會規範。因這樣那樣的緣故,隱密性與民主責任常常關係緊張,但它們並非不相容。實際上,許多政府機構,如美國聯邦調查局(FBI)、中央情報局(CLA),就在典型的民主理想與對隱密性元素的依賴之間取得了很好的平衡。而且一些經濟學家主張,隱密性對外匯市場干預的有效性非常重要。隱密性提高了政府機構或中央銀行的效率,事實上不違背民主責任原則,這種共存性已得到了充分的證實。總之,公務的隱密性與民主責任之間並非不相容,貨幣政策透明度最主要的依據在於政策有效性,如果透明度降低了政策效率,它就失去了存在的經濟基礎。民主責任原則只有在透明度不降低政策有效性時才發揮作用(Thornton,2002)。獨立性與透明度之間有機聯繫的背后更多的是經濟原因,「在貨幣政策由政府或獨立的中央銀行操作時,透明度具有積極的激勵效應」,「更重要的是它的經濟好處得到了人們的認識,讓它取得了與獨立性無關的存在地位」(Geraats,2002)。

第六章

透明度與預期到的貨幣政策的有效性

　　政策有效性假說認為,政策有效性完全取決於中央銀行使市場意外的能力。長久以來,這種思想在中央銀行官員中司空見慣,並支撐了他們的政策偏好,因此,貨幣政策具有相當大的隱密性。由於信息技術的進步,加之對各種公共機構責任的政治要求,社會普遍要求中央銀行的決策公開化。在新興的貨幣政策透明度制度下,經濟數據、中央銀行官員發表的聲明、可觀測的政策行為模式等信息散布迅速、範圍廣,這些信息提高了貨幣政策的可預測性,結果,除了純粹的乖僻行為外,中央銀行使市場意外的能力大大下降。

　　但是,透明度並沒有削弱中央銀行實現穩定目的的能力。相反,政策信號發送的效率增加,或者私人部門的政策預期能力提高,都會增加政策有效性。事實上,貨幣政策有效性,既不依附中央銀行愚弄市場的能力,也不需要它操縱重大的市場扭曲。在透明度下,貨幣政策操作甚至更有效,因為,中央銀行可以借助各種信息媒介,將政策意圖信號作為另一種政策工具來運用,並且,靈通的信息可以將中央銀行直接影響的利率與其他市場利率更緊密地聯繫起來。

　　現在,中央銀行為了增強政策效果,一般都積極披露貨幣政策信息,主動與公眾交流、溝通。特別是英國、瑞典、新西蘭等一些國家,還實行明確的通貨膨脹目標、預測值目標等決策程序,以

及發布通貨膨脹報告等透明度制度。除了常規的公開市場操作工具外,中央銀行運用最多的日常工具便是各種透明度手段,如發表聲明、講話等,這些手段被稱為「動嘴操作」工具。「動嘴操作」是影響利率的一條重要途徑。中央銀行運用公開市場操作工具的目的,僅僅在於維持一定數量的日常結算餘額,滿足流動性需要,但日常結算餘額一般很少變動,而且流動性效應的主要作用不在於改變市場利率,要改變市場利率,開展「動嘴操作」就可以實現。「動嘴操作」之所以具有這種功能,是因為中央銀行的聲明、講話中隱含著一種可信的威懾力:如果市場利率沒有移動到公布的水平,中央銀行將會採取實際行動,利用流動性效應來驅動。

第一節 政策無效性假說

中央銀行對通貨膨脹和經濟狀況的預期,影響它所確定的貨幣政策目標。在貨幣政策操作中,中央銀行對短期利率的預期,是它用以控制貨幣供應的工作程序中的一個重要環節,而公眾對貨幣政策的預期影響到政策的實際效果。

一、政策無效性假說簡述

預期之中的政策對總產出和失業沒有影響,只有預料之外的政策才會對它們產生影響,因為,預期到的擴張性政策意味著物價水平將上升,工人、廠商為了阻止實際工資、利潤下降,會立即進行調整,引起工資和物價同幅度上升。這就是政策無效性假說,其政策涵義是:預料中和預料外的政策的作用存在差別。

政策無效性假說產生了「越不透明越有效」的貨幣政策觀。贊成未預期到的政策的有效性更大的一般理論宣稱,如果中央銀行不預先發出它的交易信號,則依靠適度的交易規模就可以對市場價格產生更大的影響。這是官方干預外匯市場總是一律採取

隱密方式,甚至干預過后也不確認的常見理由。類似地,中央銀行的公開市場操作採取隱密方式,對國內利率的影響也可以達到最大限度,尤其是那些認為與貨幣市場的交易量相比,中央銀行的資產負債規模小,因此不能對市場價格產生明顯影響的人堅信這種見解。其基本思想是,市場具有不完全流動性,只有未預期到的中央銀行交易才會更大地推動市場利率變化;相反,如果交易商普遍能夠預先料到中央銀行的交易,則中央銀行的可交易對手會增多,從而市場消化特殊工具的一定供給變化,所需要的市場價格變化更小。

但是,這種分析假定中央銀行對市場收益觸動越大(甚至不惜利用市場暫時的流動性匱乏),實現目標就越好。正如 Woodford(2001)所言,以這種方式引起市場價格一時更大的變動,只是因為這些價格與金融市場外部所作的決策之間銜接不順利。因此,不能就此斷定中央銀行可以依靠這種途徑來達到實際增大其政策行為的經濟作用。

另一種「越不透明越有效」的貨幣政策觀,由 Cukierman, Meltzer(1986)提出。根據「政策無效性假說」,產出對潛在水平的偏離程度與當前貨幣供應未預期到的部分成比例,而理性預期會阻止貨幣供應量大於平均預期到的水平這種均衡的形成。但是,只要經常發生貨幣增長小於預期水平,中央銀行偶爾也能夠讓私人部門意想不到,例如,隱瞞與它政策決策有關的當前經濟信息,或者採取秘密行動。這種辦法可以用來達到穩定化目的,或者當「自然率」的無效性大而特別希望增加產出時,中央銀行可以安排發生積極的意外。

二、政策無效性假說的崩潰

政策無效性假說有許多懷疑之處:①市場,尤其是產品市場不會立即作出調整;②預期,可能不是理性的;③價格,由於交易成本或其他因素而調整緩慢;等等。因此,在短期內,預期到的貨幣政策由於交易成本、價格黏性、有限理性、不完全競爭和時間依

賴規則等因素,會對實體經濟產生真實效應。

　　透明度雖然瓦解了中央銀行的信息優勢,卻未削弱它實現合理的穩定化目標的能力。中央銀行通過對名義總支出管理來執行穩定化政策,雖然可以發揮信息優勢,利用貨幣來抵消其他衝擊,但要達到同樣的效果,只需簡單地把信息公之於眾。公共信息改變了價格的信息內容,從而能影響政策結果。此外,由於貨幣政策傳遞機制一般是中長期利率,而政策工具是超短期利率,二者之間的聯繫紐帶是「預期」,如果經濟主體擁有充分的貨幣政策信息,預期就可以更準確,長期利率隨短期利率變動的相應調整也會更順利。

　　實際上,有大量的理由說明,貨幣政策在私人部門信息改善的環境中甚至更有效。成功的貨幣政策,與其說是有效地控製隔夜利率或者 CPI 的變化,不如說是按照希望的方式影響這些變量的市場預期。如果市場參與者的信念因信息不充分而相對分散,則貨幣政策必然是一個相當遲鈍的穩定化工具。透明度能夠有效地協調預期,調節信念,因此可以促進傳統貨幣政策工具作用的有效發揮。

第二節　透明度與預期協調

　　貨幣政策有效性取決於市場的政策預期。市場預期部分由中央銀行的未來行動決定,它對貨幣政策預測越準,政策越有效。預期假說認為,長期利率等於在長期資產持有期內市場所預期的短期利率加上固定的風險升水。貨幣政策影響短期利率,但經濟活動由長期利率決定,長短期利率之間的聯繫紐帶是預期,也就是說,長期利率主要由政策利率的市場預期決定(Blinder et al, 2001 ; Woodford, 2001 ; Freedman, 2002 ; Broaddus, 2002)。中央銀行採取的短期利率措施與波動延續、結束后出現的市場結果之間存在差距,其中預期起了重要作用,預期波動越小,貨幣政策與它的

經濟影響之間的關係越穩定,可預測性也越強。Thornton(2002)還提出,根據預期假說,對政策有效性來說,最重要的是市場所預期的政策力度和持久性,而不是政策本身。

中央銀行只控製短期利率,因此,公眾關於中央銀行意圖的確定性越大,短期利率的調整才可以影響更長期限的利率,進而對宏觀經濟產生作用。透明度是使公眾盡快瞭解中央銀行意圖的一種手段,同時也是一種重要的協調機制。

一、貨幣政策傳遞的預期機制

中央銀行一般只控製隔夜利率,而隔夜利率實際上與經濟感興趣的交易無關。貨幣政策具有重要的宏觀經濟效應,也只是因為推動了真正重要的金融市場價格,如長期利率、股票市場價值和匯率。直接的貨幣政策工具與這些價格之間的聯繫幾乎完全取決於市場預期,例如,1年期的利率,首先由市場對這整個1年內的隔夜利率的預期決定,從這個意義上講,對中央銀行意圖的市場預期是決定價格的關鍵因素。如果貨幣政策協調預期的效率增加,則它的有效性增加。預期機制在透明度環境中功效更大。

「如果連接隔夜利率與長期利率的齒輪不斷滑動,中央銀行會發現它難以預測自身行動的經濟影響。但是,長期利率對短期利率的反應關鍵取決於對未來短期利率的預期,而這一預期又深受對中央銀行所作所為的認識的影響。中央銀行如果高深莫測,讓市場無法立足於現實來理解它的行動,這無異於是對預期泡沫敞開著大門,預期泡沫使中央銀行自己的政策效應難於預測。」(Blinder,1998)

顯然,隔夜利率的當前水平對經濟決策來說微不足道。如果認為隔夜利率的變動只是當晚隔夜借款成本的變化,那麼即使它大幅度變動(如百分之百的增加),對私人部門的支出決策來說也

無關緊要。中央銀行調整隔夜利率目標對支出決策①影響的有效性,完全取決於這些調整行動對其他金融市場價格的作用。表面上看,是套利將它們與中央銀行直接決定的短期利率聯繫起來,而實際上,這些資產價格的關鍵性決定因素,是預期的未來幾個月甚至幾年的短期利率走勢,而不是短期利率本身的當前水平。

許多理論表明,在長期利率決定中,預期意義重大。期限結構的預期理論意味著,長期利率由預期的未來短期利率決定;利率平價理論也包含了匯率與短期利率之間的聯繫,只不過它涉及的是利率差與匯率貼水之間的關係,而在支出與定價決策中重要的恰恰是利率水平;Woodford(2001)的利率平價公式變體說明:短期利率的當前預期變化推動了匯率變化,因此,要變動匯率而又不引起短期利率的劇烈波動,最有效的辦法是改變一段時期的利率預期;跨時最優化理論(intertemporal optimization)包含了超短期利率與各類支出時機之間的聯繫。Euler 最優化問題方程式,是將短期利率與預期的支出變化率,而不是該時點的支出水平相聯繫,當前支出主要依賴預期的短期利率未來路徑,而不是它的當前水平,這也是 Kerr, King (1996);McCallum, Nelson (1999),Clarida 等(1999)使用的簡單貨幣傳遞機制最優化模型中利率總需求效應的思想基礎。Woodford 還論證,最優的投資需求②是預期的未來短期利率的分佈先導(a distributed lead of)函數。

所以,中央銀行影響支出、進而影響定價決策的能力,主要取決於它影響短期利率未來路徑的市場預期,而不只是它的當前水平的能力。貨幣政策信息越充分,越能提高中央銀行的政策決策對市場預期的實際影響力,從而增加政策的有效性。只要私人部門知道當前的經濟狀態及其對未來政策的意義,在很大程度上,市場能夠「幫中央銀行盡職」(do the central bank's work for it),因

---

① 最終支配定價和就業決策。
② 在新古典模型中,調整成本呈凸狀分佈,但考慮了產品價格黏性。

為,如果利率預期也發生變化,則為了達到目的而需要的短期利率的實際變動會更加適度。

實踐中,一方面是金融市場更成熟,而另一方面,中央銀行也更透明,這兩種變化以共生的形式相互促進。以美國為例,從1994年2月開始,FOMC啟用新的操作程序,即在例會上決定調整基金利率目標,會后立即發表公開聲明。Blinder等的實證顯示,從1996年初到1999年中的這一段時期,美國債券市場回應宏觀經濟的發展而變化,對經濟穩定起到了幫助,而相對而言,聯邦基金利率幾乎沒變。現在經常可以看到,即使聯儲紐約分行的交易所還沒有開展改變基金頭寸的公開市場業務[1],而基金利率操作目標變化聲明就對基金利率產生了立竿見影的作用,這被稱為「聲明效應」。中央銀行的政策聲明被市場理解為代表了它未來的政策行為的可靠信號,因此,即使尚未採取任何實際交易,它所希望的利率效應也大部分會出現。Taylor將這種現象闡釋為準備金的需求時際替代,由於基金利率變化可預測,因此,一旦有機會,聯儲會按照新目標調整聯邦基金頭寸供應。

「聲明效應」說明,政策被預期到,是加強而不是削弱它的計劃效果。在信息經濟中,中央銀行更容易有選擇性地發表聲明,它的政策意圖可以迅速傳達到市場中,並很快得到吸收。因此,透明度為中央銀行提供了強有力的工具。

二、「原子經濟」問題:信息互異、均衡多重性、預期陷阱

經濟整體由不計其數的利害相關的個體構成。這些個體猶如原子,其中每個經濟主體,如廠商,都確切知道自己的潛在產出和當前產出。但是除非經濟是完全自給自足型或孤立的島嶼型,否則,原子型廠商的得失就總要受總產出影響,如產品的最優價格要取決於一般價格水平。在一般均衡環境中,定價行為論假定每個廠商最大化它自己的利潤;消費行為論假定家庭最大化其效

---

[1] 最早也要等到發表聲明的第二天才進行。

用,因此,經濟相關的數量,如價格水平、GDP、貨幣量等,必須讓經濟主體知道,否則,這些數量會失去相關性(Svensson,Woodford,2002)。在各個原子型經濟主體將價格、產出等變動的總體效應內在化上,信息充當了協調機制。

1. 信息互異的社會成本

信息互異會引起事後資源的錯誤配置而降低產出。由於對信號的領悟不同,一些廠商的調價會低於平均價格,而另一些卻相反。隨著生產技術的規模收益遞減,調價低的廠商的邊際生產成本會大於調價高的,而信息是廠商間唯一的差別,這種事後的資源錯誤配置因此是信息互異的直接後果,並且信息互異程度取決於個人決策受私人信息支配的程度。此外,信息互異會導致廠商間的價格分散,而價格分散也將引起事後資源的錯誤配置。因此,在動態價格調整中如果缺少共同知識,會對福利造成不利影響。

此外,信息互異會招致負的競爭效應。市場的競爭越大,即產品之間的替代彈性越高,定價決策的互補性就越強。因此,當競爭減少了壟斷性租金時,也就增加了策略性風險,這將提高信息互異的福利成本,即如果存在信息互異,太多的競爭甚至帶來負的福利效應。在壟斷競爭下,即使廠商私下確切觀察到了基本情況的變化,但價格調整中的信息互異造成信念差異,加之策略的互補性,也會導致相當大的調整延誤,並且延誤還具有持久性。

個人決策過分依賴私人信息,會產生均衡的無效性,這根源於預測的負外在性。在均衡狀態中,每個主體面臨信號提取問題,這些問題不僅關係到基本狀態,還涉及他人的行動,這些行動越是以私人信息為條件,就越是難以預測,並且,總的策略不確定性也越大。這種個人層面的策略不確定性折射了社會層面由於資源錯誤配置而產生的福利損失。當行動受私人信息支配,各個主體不會考慮這會讓他們更難以預測他人,也就是說,均衡決策不會消化個人對總策略不確定性帶來的影響。因此,過分依賴私人信息的均衡,內含了太多的價格互異和太少的總波動。

在市場背景下,眾多主體相互影響,而他們的信息源卻可能不同。並且,由於「認知局限」,大部分公眾也不可能準確吸收和消化信息。所以,理想的做法是對他們的決策加以協調。公共信息「充當個人信念的聚點」,因此可以對個人決策起協調作用,同時它還擠出私人信號,必然減輕資源的錯誤配置。公共信息披露可以減輕價格調整的延誤程度(Woodford, 2002);在存在技術溢出效應下,它有利於個人投資決策的協調,所以由公共信息引起的過度波動增進了社會福利(Angeletos, Pavan, 2004);私人信息披露會縮小效用占優均衡的協調範圍,而公共信息披露卻便利了這種協調(Hellwig, 2004)。

2. 均衡多重性

在金融市場,由於信息瀑布、一時的奇想、時尚及羊群行為等,可能產生多重預期均衡,在這種背景下,市場會對某條信息過分敏感而反應過度。中央銀行披露的公共信息可以起到協調市場預期的聚點作用。不僅如此,當貨幣當局與市場的經濟見解不一致時,還可以通過信息披露左右市場預期。

出現多重均衡問題的原因在於難以對信念進行理性約束。理性預期均衡是基本狀態和信念的函數。在「廉價磋商」理論中,均衡多重性問題會增大,由於交流依靠無成本、不受約束、不可證實的信息,因此更難以辨別信息發送者的類型和證實信息的可靠性,其中,特別是「胡言亂語均衡」(babbling equilibrium),根本無法排除完全不提供信息的傳言。所以,貨幣政策博弈中的多重性均衡要持續地提煉,就必須有博弈之外的信息,如博弈前的溝通、聚點、習俗、歷史等,以解決均衡選擇問題。在信念分散的條件下,交流可以直接作用於信念結構,而貨幣政策透明度可以界定,並強行指出個人的理性邊界,盡量得到一條唯一的、合理的信念途徑。

另外,多重均衡問題還有其他原因,如認知局限、信息成本等。由於認知局限,信息越多、越詳細,其本身並不能轉化為更大的透明度,也不一定會產生更有效的決策。從個人層面來看,已

出現了信息繁雜問題,需要對信息加以過濾、選擇、簡化和組織。每個經濟主體為了最合理地使用所得到的信息,會理性地平衡在信息搜尋、加工和理解過程中產生的收益和成本,即考慮信息效率。一般來說,信息成本會隨信息量、複雜性及信息中的分化或異質性程度增加而增加。信息篩選和加工上的差異,也可能導致經濟主體截然不同的判斷和行為。例如,現實中關於貨幣政策短期效應的意見就極度相左,這意味著,詮釋完全相同的一條信息,可能仁者見仁,智者見智;同時,還意味著貨幣政策的作用對象,即經濟主體的大量可利用信息,會形成各種不同的子集。這樣,對某條信息,一個觀測者在決策時基本上會以一對一(one-to-one)的方式悉數吸收,而另一個則會進行相對化處理。

因此,私人部門集體行動可以使均衡收斂。在分散環境中,私人主體各自行動,要協調很困難,但在公共政策透明度下,個人行為由社會決定,最終會減輕人與人之間的相互作用、相互影響中的不確定性、不可預測性。從這個意義上講,中央銀行信息披露的作用在於,按照特定的路徑協調、引導多重性均衡。

3. 預期陷阱

預期陷阱,指預期差異可以引導私人主體採取行動,這些行動又迫使貨幣當局最好是認可這些預期(Chari, Christiano, Eichenbaum, 1998)。例如,如果經濟主體預期只要產出降到潛在水平以下,貨幣當局都會加以消除,他們便提高工資和價格,而貨幣當局為阻止失業上升,只有被迫適應這些增加,執行擴張性政策。結果會導致自我應驗型均衡產生,工資和價格均上漲,隨后,貨幣政策適應這些增加,引起工資和價格的進一步上漲,如此循環下去,貨幣政策陷入預期陷阱,最終導致通貨膨脹螺旋式攀升,實體經濟卻並未得到改善。

正如 Blinder 所言,中央銀行對市場而言的獨立性,其重要性不亞於對政治過程而言的獨立性。貨幣政策以一種系統的反應方式對待市場預期,或者反應變數中容納這種預期,無論是承認還是傲視,都不至於「成為市場的囚徒」。因此,借助於信息披露

進行政策交流,發揮貨幣政策透明度的協調功能,以此解決均衡選擇問題,或者說中央銀行與市場溝通,事先根除由預期分歧可能引發的預期陷阱問題。

三、透明度、共同知識與市場預期協調

1. 更高層信念

公眾各個成員需要形成他人信念的預期,這常常被稱為更高層預期問題或更高層信念問題。更高層信念指一種預期狀態,它反應了公眾成員對「一般」公眾成員的通貨膨脹預期的預期情況。當個人在工資或價格調整中具有協調動機時,或者說當價格或工資變動屬於「策略性互補」時,更高層預期問題,對貨幣政策來說就關係重大。由於公共信號屬於共同知識,因此公眾成員在對一般性預期的預期中,他們會重視這類信號的特殊意義。

具體來講,在價格調整中,各個廠商和工資談判者所受到的影響,不僅來自於他們自己的關於未來狀況的私人預期,也來自於他們對「一般的」公眾成員關於未來狀況的信念的看法。所以,他們面臨的問題,有些類似於 Keynes 描述的「選美比賽」(beauty contest)情形,即投資者會盡力猜測一般的市場觀點是什麼。Phelps(1983)再將這種思想引入貨幣政策,他指出,如果各個廠商在定價中有激勵追隨市場一般,則中央銀行決策人要力求使政策轉向,如執行反通貨膨脹政策,就不僅需要使公眾的每個成員確信政策確實已經發生了轉變,而且需要使每個成員確信他人同樣也相信[①]。

Phelps 的論證說明,中央銀行面臨著保證政策變化成為共同知識問題。不然,雖然個人私下確信政策已經發生了轉變,但是除非他們也知道他人同樣相信,否則不會調整自己的定價行為。中央銀行透明度,在公眾中創造了政策變化相關的共同知識,即他披露的信息是共同知識,所以,對更高層預期具有特別強烈的

---

① 在博弈論中,政策變化必須成為共同知識。

效應。中央銀行的領導層換屆,或者政策委員會成員調整,或者委員會決定要優先考慮的事情有所改變,都會引起政策變動,公眾會推斷關係到切身利益的通貨膨脹政策,如果公眾的通貨膨脹預期調整到中央銀行要執行的新通貨膨脹水平越快,在產出、失業上的反通貨膨脹成本就越低。中央銀行公布預測、會議記錄、投票記錄等信息可以提高更高層預期的調整速度。一些實證顯示,在中央銀行公布預測的國家,反通貨膨脹的成本更低[1]。

當經濟主體只擁有部分信息,並且這些信息各不相同時,事情會變得更複雜。對一個經濟主體來說,為了形成有效的外生狀態估計,只扣除他自己的估計所產生的同期效應是不夠的。例如,就前瞻型價格調整者而言,為了調整今天的價格,他需要估計明天的通貨膨脹,因此需要預測明天的狀態和利率,而預測利率,要求他預測政策制定者對明天狀態的估計和對價格調整者關於明天狀態的估計的估計。沿著這一邏輯推理,就產生了估計估計的估計……的無限循環,或者用 Townsend(1978),Phelps 的話說,就是「預測他人預測的預測……」這是個一般性問題,只要前瞻型的、相互影響的經濟主體持有形形色色、秘密的有關未來或當前狀態的預期,問題就會出現。

2. 政策作為一種公共信號

信號的作用在於,充當通常的外生協調機制。在不完全的信息環境中,中央銀行利率決策本身成了交流工具。政策利率服務於雙重目標,既起傳統的資源配置作用,又起信號傳遞作用。政策利率目標屬於公共信息,是顯示中央銀行對經濟狀態看法的指標。

Morris,Shin(2002)舉例說明了貨幣政策行為的信號傳遞作用。其分析背景是 Lucas,Phelps 使用的「島嶼經濟」模型。在「島嶼經濟」中,大部分經濟主體在基本狀態上佔有私人信息,其目的

---

[1] 反通貨膨脹的成本越低,短期菲利普斯曲線越陡峭,也就是說,減少一定比率的通貨膨脹所付出的產出和就業代價越小。

在於,採取與這種基礎狀態相應的行動。該例子將「零和競賽」(zero-sum race)並入了對其他個體行動的事后猜測(second-guess)中,其中,參與人的獎賞取決於他自己的行動與他人行動之間的差距,差距越小,獎賞越大。這說明,決策者具有協調動機,希望行動與基本狀況相匹配。按照在價格調整博弈中的市場分享效應觀點,個人行動對他人行動的溢出效應(spillover effects)可以被激發出來(Woodford, Phelps)。無論是協調動機還是溢出效應,都需要政策性公共信號。

3. 公共信息與共同知識

公共信號的特徵之一是,它們屬於共同知識。信息除了減少不確定性,使決策者的行為與所處的環境相適應外,還充當協調機制,維繫著決策者之間的利害關係。公共信息不僅為決策者傳遞基本狀態信息,同時也充當有利害關係的群體的信念聚點(focal point)。當所謂的「高見」肆意橫行,衝擊人們的決策制定時,公共信息將發揮對個人決策影響的強化作用。「太陽黑子」(sunspots)論探討了這個問題,它強調公共信號充當協調手段的能力,即使信號是「外來的」,與基本狀態沒有直接關係,但正是由於它具有公共性,才在經濟結果的決定中充分發揮自我應驗的信念作用。公共信息如同太陽黑子般的外來性,允許了它乾淨地表現協調作用。事實上,對處於各種背景下的政策制定者來說,正是通過公開披露,傳遞的基本信息才得到了完全重視。

中央銀行公布經濟預測或政策評議情況等透明度做法創造了共同知識。大量理論分析指出,貨幣政策透明度對宏觀經濟效果影響明顯。由於認知局限性,個人對當前GDP的觀察可能含有噪音,而個人在工資或價格調整中具有協調動機,因此,借助公共信號形成的更高層預期,比一階預期調整得更快(Woodford, 2001; Sims, 2001);透明度更清晰地揭示了中央銀行的意圖,保證了中央銀行的短期利率調整帶動長期利率反應(Blinder);在公布中央銀行經濟預測的國家,平均通貨膨脹更低,反通貨膨脹成本也更低(Chortareas, Stasavage, Sterne, 2002)。

第三節 透明度與貨幣政策交流

交流是現代貨幣政策不可或缺的部分。過去 10 年,中央銀行不斷提高透明度,增加面向公眾的信息披露數量,使貨幣政策交流逐漸成為一項重要的日常工作。這是因為:①中央銀行在允許獨立的同時需要增加它的責任,而最基本的一般性責任,是要求它通過與政府、公眾之間的對話來擴大政策交流。②從 1990 年新西蘭採取通貨膨脹目標制以來,許多工業化和新興市場經濟國家步其后塵,儘管它們的通貨膨脹目標制的具體結構不同,但都將正式的通貨膨脹目標作為中央銀行交流的重點。③在許多國家,金融市場的重要性日益增加,而市場價格由市場參與者的預期推動,駕馭市場預期便是貨幣政策的重要任務。因此,需要透明度為中央銀行提供與市場參與者之間的有效交流渠道。

一、貨幣政策交流的必要性

公共政策的實施效果在很大程度上取決於私人部門的行動。如同一切公共政策,貨幣政策得益於公眾的支持與理解,尤其是在需要採取緊縮措施防止經濟過熱時。例如,私人部門的工資、價格調整,影響中央銀行的貨幣政策操作,如果市場知道中央銀行要採取的政策措施,並領先行動,則政策舉動到通貨膨脹、經濟活動之間的最重要的傳遞階段,運行起來會更平滑、順利;如果市場預期與政策方向一致,政策舉措被納入利率和匯率等的整合行動將更順利,經濟波動會更輕微。

貨幣政策交流有利於培育公眾的良性預期。名義價格,最終由異想天開、自我應驗的預期決定,由於工資和價格黏性,生產資源被合理利用的程度會淪為這些任意性預期的「人質」。市場主體在判斷中央銀行政策對市場價格的衝擊時,不但需要進行有關中央銀行意圖、預期的政策后果等信號提取,更重要的是,他們還

必須對他人的信息理解作出正確的判斷。實際上，在信息經濟中，中央銀行和市場參與者自己，都更容易得到有關的市場預期信息，因此「服從市場」的誘惑愈加難以避免，但是預期的任意變化都可以迫使中央銀行認可而做到自我應驗（self-fulfilling）。因此，中央銀行必須對期望的政策路徑表明態度，並傳達給市場，培育良性的市場預期。

事實上，過去 10 年，透明度思想在中央銀行官員中不斷普及。在美國，聯儲關於基金利率操作目標的公開度，在 Greenspan 時期提高得特別明顯。其他一些國家，尤其是實行通貨膨脹目標制的國家，透明度增加甚至更為顯著，像英格蘭銀行、新西蘭儲備銀行和瑞典銀行等，不僅公開承諾實行明確的中期政策目標，甚至對相當具體的決策程序也作出承諾[1]，還定期公布「通貨膨脹報告」。

二、透明度為貨幣政策鋪展了交流平臺

中央銀行的各種透明度措施，為它的對外交流鋪展了平臺。特別是，通貨膨脹目標制徹底改變了交流手段。這種制度，遠遠超出了數字通貨膨脹目標的公布，它的一個重要特徵是強調交流結構。其交流方式有：公布最終目標與工具目標；公開解釋利率決策；異乎尋常地承認貨幣政策策略與交流政策之間的交互作用。現在，大多數中央銀行一般在政策決策制定後都立即加以公布，並在新聞發布會上和講話中給予解釋；有的還在政策會議后，延緩一段時間將會議紀要發表；更普遍的是，將中央銀行的觀點詳細登載在月刊或季刊上，如英格蘭銀行的《通貨膨脹報告》或 ECB 的《每月簡報》；有時，中央銀行也在工作文件中對它知道的經濟情況進行技術性描述。中央銀行的交流策略無疑在它追求政策目標的過程中起著關鍵作用。IMF 和一些學者指出，作為交流的起點，中央銀行公布通貨膨脹預測和預測模型會讓貨幣政策

---

[1] 這些決策程序用以評估當前政策與目標之間的一致性程度。

得到較好的理解。

對一些中央銀行來說,在擴大交流種類上,提供通貨膨脹報告或貨幣政策報告更合適。雖然這類交流報告並沒有一五一十地說明中央銀行達成一致意見的評議情況,但它們卻確實解釋了政策的合理性。中央銀行在這些報告的貨幣政策分析中,要指明從上一次報告以來新出現的具體經濟情況和貨幣政策執行情況;闡述經濟的可能演變方向,並明確討論自己的政策規劃。因此,這類透明度措施有利於提升公眾對政策的理解。

第四節　透明度與穩定化政策[①]

在長期,通貨膨脹與產出之間不存在交替性,所以,中央銀行應該嚴格追求價格穩定目標。關注長期問題,是貨幣政策操作的一條良好原則。顯然,這一原則意味著,實踐中政策制定者在安排貨幣政策時既要關心通貨膨脹波動,又要關心產出波動,並體現在貨幣當局標準的損失函數中,這便是穩定化政策。經濟穩定有兩層涵義:一是「貨幣穩定」,即將通貨膨脹穩定在低水平;一是「實際穩定」,即穩定產出或產出缺口。

一、貨幣政策與實際穩定

經濟政策的最終目標在於維護和增加居民福利。它可以表示為一系列單個的目標,如資源的有效利用、充分穩定的就業、高經濟增長、價格穩定、財富收入的公平分配、地區平衡、環境保護等。貨幣政策只是經濟政策的一部分,它能持久影響的關係到經濟福利的變量是有限的,如果給它指定沒有能力完成的目標,不

[①]「人們認為中央銀行所從事的工作只與低通貨膨脹有關,其實並非如此。低通貨膨脹實際上是達到穩定增長目的的一種手段。」——Eddie George,英格蘭銀行行長,《金融時報》2002.5.7。

僅不起作用,甚至可能起反作用。過去20年,在貨幣政策上形成的一致性看法是:貨幣政策目標最重要的是價格穩定。

一般情況下,中央銀行操作貨幣政策的方式是調整短期名義利率,即中央銀行的「工具利率」,也稱「政策利率」,如美國聯邦基金利率。貨幣政策的傳遞機制包括利率、匯率、信貸等渠道。就利率渠道來看,在短期,國內價格和通貨膨脹變動緩慢(即黏性),這意味著私人部門的短期通貨膨脹預期相對黏,因此,中央銀行可以通過控製短期名義利率來影響短期實際利率[1]。實際利率的變動刺激消費和投資,繼而影響總需求和產出,因此工具利率決定著經濟活動規模。

1. 貨幣政策的長期效應

中央銀行可以借助於降低工具利率而降低短期實際利率,或者使貨幣貶值,來擴大總需求和產出。但是,它不能通過這種方式無限地刺激經濟。在長期,中央銀行調整工具利率必須遵守一條規則:平均的短期實際利率等於平均的「中性」實際利率(Svensson,2002)。中性實際利率是實際產出等於潛在產出條件下的實際利率,它是假設的實際利率,在不具有價格黏性和其他摩擦下才存在,主要由貨幣政策以外的因素決定。如果中央銀行將短期實際利率維持在中性實際利率以下太久,總需求超過潛在產出,經濟過熱,則通貨膨脹會一路挺進,其表現形式是基礎貨幣不斷遞增。為了將短期實際利率維持在中性實際利率以下,中央銀行不得不向經濟快速、連續注入貨幣,由此貫通了通貨膨脹的貨幣增長渠道。歷史多次證實,高通貨膨脹最終導致市場體系崩潰,引發嚴重的經濟金融危機。所以,依靠貨幣政策持續地刺激經濟是不可行的。

長期以來,貨幣政策只能控製通貨膨脹、匯率等名義變量。高的或易變的通貨膨脹,會削弱市場功能,製造不確定性,從而損害實體經濟。

---

[1] 即短期名義利率減去短期通貨膨脹預期值,Svensson(2002)。

2. 貨幣政策目標：價格穩定與實際穩定

在長期，產出圍繞潛在產出波動，即長期產出目標由潛在產出給定，基本上與貨幣政策無關，貨幣政策至多可以為實體經濟提供一個穩定的環境。而這個穩定的環境的關鍵是名義錨：穩定名義變量和私人部門有關未來名義變量預期的參照物。實踐證明，低的、穩定的通貨膨脹是最佳名義錨。高的、不穩定的通貨膨脹，會製造動盪、不確定的經濟環境，從而惡化投資和潛在產出的增長，並最終引起收入和資產任意、不公平的再分配。歷史表明，降低通貨膨脹要付出高昂的代價，即通常會引來一場深重的衰退，並伴隨著高失業。所以，重要的是要從一開始就防止通貨膨脹起飛。為此，越來越多的國家將「價格穩定」規定為貨幣政策的首要目標。

但是，貨幣政策若完全不關心中短期的實際影響，而時時專注於控製通貨膨脹，也會產生不良后果。理論上，這種政策稱為「嚴格的通貨膨脹目標制」，它實際上混淆了貨幣政策的長短期效應。事實上，一切現有的通貨膨脹模型都建立在一個假定之上：中央銀行控製通貨膨脹的主要渠道，是借助貨幣政策在短期影響實體經濟活動。

通貨膨脹目標製作為實施貨幣政策的一種政策框架，其中實際結果與通貨膨脹同等重要，也基本上不矛盾。因此，一種更適宜的政策——「靈活的通貨膨脹目標制」，它既採取通貨膨脹目標的形式實現價格穩定，同時又適當注重商業週期的穩定；並且，大多數情況下，它實行漸進的方式，完成目標任務的期限也較長，如2~3年，而不是3~4個季度。這意味著，在短期，通貨膨脹可以偏離目標，有時偏離的幅度還有點大。

二、通貨膨脹波動與產出波動之間的交替性

如果出現了反向移動產出和通貨膨脹的衝擊，中央銀行需要選擇：或者盡快將通貨膨脹恢復到目標水平，但可能會惡化衝擊對產出的初始影響；或者為了減輕對產出的影響而順應通貨膨脹

的變化,使它緩慢地回復到目標水平。通貨膨脹波動與產出波動之間存在交替性,這種關係可以用 Taylor 曲線描述。Taylor 曲線的位置由經濟結構和貨幣政策行為共同決定,它描繪了運用貨幣政策得到的通貨膨脹波動與產出波動的組合軌跡,是「波動可能性邊界」[①]。

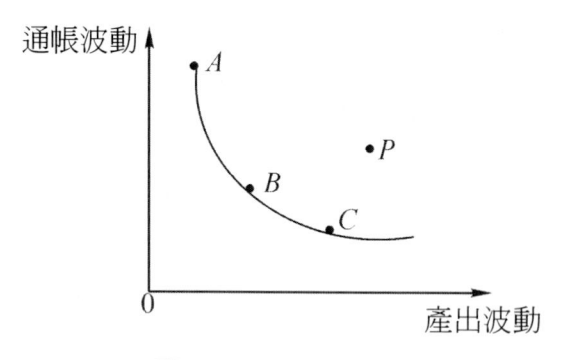

图 6-1 Taylor 曲線

曲線從左上方向右下方傾斜,表明,如果縮短通貨膨脹的恢復期限,將減少通貨膨脹波動,增加產出波動。原點對應著通貨膨脹與產出的 0 波動,即通貨膨脹等於目標,產出缺口為 0。由於貨幣政策傳遞機制的複雜性、不可預測的衝擊、不精確的控製、無法避免的不確定性等因素,0 波動完全達不到。Taylor 曲線顯示了運用貨幣政策能夠達到的最有效的、可行的通貨膨脹產出波動組合。曲線右上側面的點對應著無效的貨幣政策,無論是通貨膨脹波動還是產出波動,都可以通過貨幣政策的改善而減少;曲線左下側面的點對應著無法達到的結果。A 點表示「嚴格的產出目標制」,即中央銀行只重視產出穩定,但這樣會使實體經濟失去貨幣錨,惡化直至引起很大的通貨膨脹波動;B 點表示「靈活的通貨膨脹目標制」,即中央銀行也會對產出波動給予一定的重視,其結果是稍稍增大了通貨膨脹波動,但減小了產出波動;C 點表示「嚴格的通貨膨脹目標制」,即中央銀行不顧及產出后果,只專注於維

[①] 該曲線的描畫方法是:改變中央銀行「損失函數」中的產出波動與通貨膨脹波動的相對權數,或者說改變隱含的通貨膨脹目標範圍。

持通貨膨脹穩定,其結果雖然使通貨膨脹波動達到了最小,但產出波動大。

社會最優政策應該最小化通貨膨脹產出波動。如果中央銀行能夠影響私人部門的未來通貨膨脹預期,則短期通貨膨脹產出的交替關係可以得到改善。例如,如果政策具有較大的慣性,如實行利率平滑方式,在一時的單純成本衝擊后,中央銀行最好是讓產出保持慣性,因為逆成本衝擊會使通貨膨脹上漲,產出下跌。而如果未來產出的預期水平也低,市場就會預期未來通貨膨脹將下跌,從而減輕成本衝擊的通貨膨脹影響,改善通貨膨脹產出的短期交替關係。

現在,在貨幣政策領域,無論是專家、研究人員還是政策制定者,一般都讚成靈活的通貨膨脹目標制是最優的折中方案。中央銀行既要將通貨膨脹穩定在目標周圍,同時在某種程度上,也要將產出穩定在潛在產出附近。

三、透明度與穩定政策

傳統觀點認為,透明度對穩定政策不利,貨幣當局必須在幕后運作,出奇制勝。例如,在價格穩定上,若發生了正的成本衝擊,造成價格上漲,則需要執行緊縮性政策,將價格降回到目標水平。如果貨幣政策具有透明度,貨幣當局會說明他們的政策,公開表示要收縮產出缺口,而公眾卻更可能考慮短期問題,即工作問題,而不是長期問題,即控製通貨膨脹。這樣其結果可能會給中央銀行引來更多的社會政治壓力,迫使它陷入時間不一致性陷阱,引發通貨膨脹,卻並未創造工作。

又如,在穩定產出上,如果貨幣政策具有透明度,則經濟主體容易預知,為了穩定產出政策將放松,因而價格會伴隨預期一同上漲,到中央銀行真正採取實際行動時,對產出已沒有絲毫作用,政策效應早已完全折射為價格水平。

一些學者更是開始對經典的宏觀經濟理論提出質疑。經典理論認為,政策制定者要影響通貨膨脹,辦法只能是改變產出缺

口的大小,因此,政策的通貨膨脹效應與產出效應之間負相關。也就是說,當今規範的宏觀經濟理論,是將通貨膨脹產出目標看成彼此的替代品,其中一個的改善會以另一個為代價。但是這一點已遭到一些學者的懷疑,他們認為這種思想對政策制定起了誤導作用。通貨膨脹波動與產出波動之間的結構關係並不明顯為負,McConnell, Perez-Quiros(2002)證明20世紀80年代早期美國的通貨膨脹產出波動都明顯減少;Solow認為,自然率模型僅與二戰后美國的經歷相吻合,卻不符合歐洲戰后的經歷,也不是戰前美國或歐洲經濟的恰當描述;Thornton(2002)提出,通貨膨脹產出波動是替代還是互補關係,取決於經濟結構和政策要抵消的衝擊的性質,對大部分總需求衝擊來說,通貨膨脹產出波動,政策都能夠減輕,而總供給衝擊,則需要根據衝擊性質來制定合理的政策。例如,針對生產率的持久上升而採取緊縮政策就有害。如果實體經濟目標是將產出維持在潛在水平附近,則中央銀行最好是將它的通貨膨脹產出目標看成互補品,而不是替代品。這樣,透明的、可信的通貨膨脹目標,會便利中央銀行穩定產出,並針對逆經濟衝擊作出有效反應。

1. 透明度:穩定政策的無形利器

(1)透明度防止了中央銀行奉行極端的通貨膨脹目標政策。社會最優政策要求在貨幣穩定與實際穩定上開展平衡操作。中央銀行決定著通貨膨脹產出波動的交替關係,雖然不影響它們的平均水平,但關係到是通貨膨脹還是產出承擔衝擊的最初影響。透明度可以促使中央銀行執行社會最優政策:一方面,透明度使它在穩定化操作上擁有的是「受約束的相機權」,因此可以緩解相機問題,防止它跌入時間不一致性陷阱;另一方面,在透明度下,中央銀行關心自身聲譽,這種激勵機制,使它的行為更符合社會最優政策的要求。事實上,貨幣政策在短期具有重大的實際效應,如果中央銀行過於注重通貨膨脹穩定,會將現在的產出降到不能容忍的水平,還會通過通貨膨脹衝擊引發過高的產出波動。所以,透明度可以增強中央銀行穩定實體經濟的責任,使它在追

求通貨膨脹目標的過程中,不至於忽略短期實際經濟的穩定。

(2)成功的穩定化操作,關鍵在於透明度。在穩定化操作上,透明度的交流效應很重要。透明度,除了可以保證貨幣政策目標的明確性和一致性外,還通過交流效應,便利中央銀行從事通貨膨脹產出穩定的調和工作。穩定化政策的有效性,需要中央銀行宣傳:①貨幣政策能夠做到的是促進價格穩定,但無法做到在長期運用擴張性貨幣政策創造工作;②它也關心產出波動,因此不願意太快達到通貨膨脹目標,防止通貨膨脹不達標與防止產出不達標,兩件事情一樣重要;③讓貨幣政策在長期而不是短期做到最優。稍稍大於0的通貨膨脹目標,有助於展示中央銀行對產出波動的關注,也為防止通貨緊縮提供保險。就實行通貨膨脹目標制的中央銀行的做法來看,它們一般要說明目標規則,並宣布將盡力在18個月到2年內完成目標任務。這個期限與政策期,即貨幣政策對通貨膨脹發生作用需要的時間非常接近。如果實際通貨膨脹與長期目標相差不大,18個月到2年的期限規定比較合理,但是如果衝擊導致了偏差太大,則需要更長的時間。因此,實現目標的速度會相對慢一些。

(3)實踐中,通貨膨脹目標制的穩定化操作模式。當今一些通貨膨脹目標制類的中央銀行,正是通過手執透明度這把無形利器來進行穩定化操作。它們的操作模式,首先是公開在規定的時間框架內的量化通貨膨脹目標。通常,還定期出抬通貨膨脹報告類的文件,解釋經濟中通貨膨脹壓力的來源,仔細設計通貨膨脹目標系列和範圍等。其次,在實踐中不管是否規定了正式的「免責條款」,它們在應對經濟衝擊中都表現了靈活性。例如,在達到通貨膨脹目標上採取漸進方式,如實行利率平滑,並納入產出穩定目標,方法是調節完成長期通貨膨脹目標的速度,速度快慢取決於對產出波動與通貨膨脹波動的權衡。

在通貨膨脹目標上,中央銀行保持透明度並作出可靠的承諾,不僅可以防止可能引發通貨膨脹傾向的政治經濟勢力干預,而且會擁有更多的自由去執行擴張性政策,抵消不利的總需求衝

擊。Kuttner, Posen(1999)的實證分析顯示,與非通貨膨脹目標制類中央銀行相比,通貨膨脹目標制類可以更好地應對逆衝擊,所以並不是「中央銀行透明度增加,會使貨幣政策在實際穩定上不再有所作為,從而造成損害」。Poole(2002)證實,美國在2001—2002年這次衰退之前的戰後衰退中,貨幣政策因關心通貨膨脹而反應遲鈍,而在2001年卻反應快速。這是因為,在透明度下,美聯儲可以順利控製通貨膨脹,並且它的低通貨膨脹承諾可信,這都給穩定化政策的執行提供了便利。這種現象,在德國聯邦銀行和瑞士國民銀行也可以看到,兩家銀行的低通貨膨脹承諾可信,因此有時它們能夠追求其他目標。

2. 透明度可以改善通貨膨脹產出波動之間的交替性

在透明度下,中央銀行只要言行一致就會輕易、快速贏得可信性。可信性能將通貨膨脹預期鎖定在通貨膨脹目標上。歷史上,通貨膨脹預期衝擊是通貨膨脹產出波動的一個重要來源。變幻不定的通貨膨脹預期可以獨立影響未來通貨膨脹。不僅如此,它還可以通過影響實際利率、匯率而對產出、通貨膨脹造成另外的間接干擾。如果通貨膨脹預期波動惡化了交替關係,則Taylor曲線將向右上方移動;相反,如果停留在通貨膨脹目標上的預期較為穩定,則交替關係會得到改善,曲線朝左下方移動,通貨膨脹波動、產出波動或二者都減弱。通貨膨脹預期停留在目標上,會製造出一種強大的預期趨勢:實際通貨膨脹將回復到目標上。這意味著,為了抵消不利的通貨膨脹預期變動而需要的利率、產出變動減小,因此,貨幣政策也不需要發生急變。

第五節 透明度、政策效率與宏觀經濟業績關係的一些實證分析介紹

透明度可以增強貨幣政策的可信性,強化經濟主體的信念,從而穩定私人部門的通貨膨脹預期,使它向有利的方向聚集,並

最終減少經濟中的供給、需求衝擊。這樣,貨幣當局對異常的、激進的政策需要減少,它更多的是進行必要的、普通的日常操作,經濟會自動平穩運行。即使經濟出現了異常情況而要求貨幣政策隨機應變,透明度不僅不損害經濟,還會增強穩定化政策的靈活性,減少政策成本。

一、透明度的度量

在實踐中,貨幣政策透明度是一個動態過程,並且在某些情形下還異常微妙,難以捕捉。因此,一些學者從多個方面加以描述,包括明確的通貨膨脹目標及其設置、貨幣政策框架、交流策略和手段等。除了定性描述外,還給予度量。透明度大小,取決於每種貨幣制度特有的各種安排,因此,占支配地位的測量方法,是依靠識別一系列法律和其他表面特徵;另一些測量辦法,則立足於經濟主體的感覺,調查他們對透明度的看法。

貨幣政策透明度的度量,最早可以追溯到 Fry 等(2000)的中央銀行調查報告。Fry 等人全面調查了 94 家中央銀行,提供了特別豐富的貨幣政策框架數據資源,涉及制度特徵、政策重心和貨幣分析等。他們對政策決策的解釋、中央銀行提供的當前分析、調研、講話等進行量化,還對各方面的責任、獨立性與目標設置給予評分。這些內容都有助於從量上考察貨幣政策透明度,可以劃分成多個透明度指數。例如,「政策解釋」透明度內容有:①對政策決策的解釋;②前瞻性分析的公布;③對評估與分析的說明。它們也可以構成一個透明度綜合指數,包括:①政策決策的解釋、中央銀行簡報(bulletins)中的討論情況、會議記錄與投票記錄的公布;②前瞻性分析的頻率與構成、附加在預測報告中的風險與預測誤差;③發言、研究報告和簡報發行頻率。在分析中,可以視這些透明度內容的重要性而決定權數的分配,然后計算算術平均數,就可以得到透明度指數。

根據 Geraats 的透明度理論,Eijffinger,Geraats(2002)構造的透明度指數,包容了貨幣政策的政治透明度、經濟透明度、程序透

明度、政策透明度與操作透明度。

　　Howells 等(2002)使用市場指標度量貨幣政策透明度。由於在接近政策聲明的時間,市場利率的走勢反應了經濟主體預期官方政策變化的能力,因此,他們從兩個方面入手:首先,考察在官方發表聲明之前,短期利率對政策變化的整合度,這既可以測量絕對透明度,即 100% 的預見率 = 100% 的透明度,同時,它又是評級手段。針對英國,他們使用期限為 3 個月的大額定期可轉讓存單(CD)利率,而其他經濟體如歐盟、德國,則使用隔夜利率。其次,建立市場利率表現的「標準」模式,從而可以檢驗政策調整的聲明效應。「標準表現」,定義為政策變化臨近消失期間的市場利率與政策利率之間的利差。

　　這些透明度指數,儘管在內容選擇上不可避免地帶有主觀性和遺漏,但都可以對透明度這個具有多面性的概念,從數量上進行簡單明瞭的概括。在實踐中,這些指數被用來測量一些國家中央銀行的透明度程度時,顯示出新西蘭、瑞典和英國位居最透明之列。

二、透明度、貨幣制度和宏觀經濟業績

　　實踐中,為了引導市場預期,絕大多數中央銀行公布某種形式的前瞻性分析。例如,一些公布貨幣目標①,而另一些則公布許多變量的預測分析,並披露大量細節,如風險討論。但是中央銀行在其預測上的透明度更貼近貨幣政策透明度的理論與政策定位。

1. CSS 指數

　　Chortareas,Stasavage,Sterne(2002)建立了「預測透明度」指數(簡稱 CSS 指數)。CSS 指數,著重考察中央銀行預測公布的細節,並根據公布的預測覆蓋面來確立指數標準,包括預測質量、範

---

① 從本質上講,這也是前瞻性分析的一種形式,因為這些目標常常作為基準而非規則。

圍和頻率,以及預測誤差受監控和被公開討論的程度。具體來講,CSS 指數的內容有:①預測的公布形式。公布形式劃分為只是文字形式,同時採取文字、數字形式,只是數字形式 3 種。如果預測的要點一般以數字或圖表形式出現,則可以直接將預測值與目標值進行比較,而且實際運行結果也可以與之相比,因此更便於影響預期和維持政策紀律。但是支撐預測的文字分析,可能比精密卻刻板的數字更為重要,數字化預測的準確性,有時可能只是由運氣加判斷使然。②前瞻性分析的公布頻率。公布貨幣或通貨膨脹年度目標對預期的引導作用,只有在一個特定的時間限度內才具影響力。預測公布的頻率會通過不同的預測期引導或穩定預期,以及維持政策紀律。③附加在預測中的風險公布情況,包括是否公布及公布方式。許多中央銀行使用預測分析作為一種手段,用以強調各種結果出現的相對可能性,而不是為了突出某個特別的數字。公布附加在預測中的風險,可以避免一種假象:建立在各個時期單個數字基礎上的預測,會在一些似是而非的推理面前表現得正確無誤。所以,評估風險可以更準確地顯示預測者對貨幣狀況的主觀判斷。如同第一個問題,風險評估質量按照是否既用數字又用文字形式加以評判。④對過去預測誤差的討論情況,包括是否討論;如果要討論,又是否屬於討論的一大規範主題。公開討論預測誤差的意義在於,中央銀行建立可信性的努力成效有賴於顯示它能力大小的預測準確度的公開;此外,對預測誤差進行公開討論,可以提高以後的預測質量。

CSS 指數 4 個方面的指標高度相關,在迴歸分析中呈多重共線性,為此,他們匯總 4 個指標,產生一個透明度綜合指數,並使用 Guttman 尺度加以處理。與只是幾個變量值的平均數的其他類透明度指數不同,用 Guttman 尺度處理,匯總不會引起信息丟失。

2. 結論

Chortareas,Stasavage,Sterne 運用 Fry 等的中央銀行調查報告中的數據,對 87 個國家在 1995—1999 年這一時期的平均通貨膨脹率與 Guttman 透明度指數、控製變量和假變量進行截面迴歸分

析。控製變量有人均 GDP、貿易開放度、政治不穩定度。在 Fry 等的分析框架中,按照:①中央銀行對其制度的分類;②是否明確公布每個變量的目標;③實踐中對目標的排序情況;④遇到政策衝突時,哪個變量占優等標準,貨幣政策可以劃分為匯率型、貨幣目標型、通貨膨脹目標型、相機決策型。參照這一標準,假變量表示是否實行釘住匯率制、通貨膨脹目標制、貨幣目標制。

結論顯示:①平均通貨膨脹率與透明度指數負相關,並具有統計顯著性。透明度越大,平均通貨膨脹率越低。②GDP 增長率的標準差與透明度指數之間存在負的、但不具有統計顯著性的相關性。因此,既不說明透明度增加引致了更穩定的產出增長,也不表明高透明度引發了更大的產出波動。透明度在各種貨幣制度中的通貨膨脹效應,參見第四章。

三、透明度與政策有效性

成功的貨幣政策不只是指減少通貨膨脹,同時還意味著穩定通貨膨脹和產出。Cecchetti, Krause(2002)對透明度與貨幣政策績效之間的相關性進行了計量分析。他們調研了 63 個國家的中央銀行的獨立性、責任、透明度和可信性(共同構成貨幣政策框架)這 4 個變量與平均通貨膨脹率的相關性,以及 24 個國家的這些變量與其宏觀經濟業績、政策有效性的相關性。

1. 計量方法

獨立性、責任、透明度的度量來自 Fry 等人的中央銀行調查報告。獨立性指數共考慮了 5 個要素,即價格穩定目標的重要性、中央銀行對目標變量(目標獨立性)和政策工具(工具獨立性)的決定起的作用、政府融資中的中央銀行依賴度、中央銀行行長的任期。責任指數考察了兩個方面:①在政策目標上,目標變量指標的量化情況;政府在目標制定中的作用;目標未達到的懲罰程序。②在對中央銀行的監管中,政府或權力機關所採取的責任措施。透明度指數考察政策解釋透明度,指中央銀行公開解釋它的政策決策、經濟狀況評估、預測這 3 個方面的程度和頻率。

Cecchetti, Krause 建立了可信性指數 IC。貨幣政策的可信度,是「政策制定者的計劃值與公眾對這些計劃值的信任值之差的絕對值」(Cukierman, Meltzer, 1986)。通貨膨脹實際值與公布的目標水平相差越遠,政策制定者就越不可信。如果貨幣當局制定了明確的通貨膨脹目標,可信度就可以用通貨膨脹預期值與目標值之差度量(Svensson, 1999)。與上述命題一致,可信性指數 IC 被度量為通貨膨脹的預期值 $E(\pi)$ 與中央銀行的目標水平 π' 之差,並被標準化為 0~1。若年度通貨膨脹預期值 $E(\pi) \leq \pi'$, $IC=1$;隨著 $E(\pi)$ 的增加, IC 以線形方式遞減; $E(\pi) > 20\%$, $IC=0$。他們使用過去的通貨膨脹表現量度可信性指數,即以 1985 年 1 季度到 1989 年 4 季度的平均實際通貨膨脹率作為預期到的通貨膨脹率的代理變量,並假定 63 個國家的通貨膨脹目標平均為 $\pi'=2\%$。如果 $E(\pi) < 2\%$, $IC=1$; $E(\pi) > 20\%$, $IC=0$; $2\% < E(\pi) < 20\%$, $0 < IC < 1$。

經濟業績和貨幣政策有效性的測量以最優政策理論為基礎。經濟業績用通貨膨脹方差和產出方差的最小加權組合量度。政策有效性以觀測到的業績值與「最佳」業績值之差表示。「最佳業績」通過最小化最常用的標準二次損失函數(中央銀行的目標函數)得到,損失函數受一個估計的總供求簡化模型約束。具體來講,對二者的測量是使用通貨膨脹—產出波動交替曲線(或有效性邊界線)得到。在理論上,一個簡單經濟體存在兩類干擾,都需要政策解決,一是總需求衝擊,按同方向移動產出通貨膨脹;一是總供給衝擊,以反方向移動產出通貨膨脹。由於貨幣政策能夠以同方向移動產出通貨膨脹,因此可以完全抵消總需求衝擊,相反,總供給衝擊將迫使貨幣當局權衡產出波動與通貨膨脹波動間的替代。

在二維圖上,橫軸表示產出方差,縱軸表示通貨膨脹方差,所有的最小通貨膨脹方差點和最小產出方差點,組合成貨幣政策有效性邊界線,即前面提到的「Taylor 曲線」(圖 6-1)。有效性邊界線在圖上的位置,取決於總供給衝擊的波動程度,波動越小,曲線

離原點越近。若貨幣政策是最優的,經濟體就在該曲線上運行,具體位置取決於政策制定者的通貨膨脹產出穩定偏好;若政策是次優的,經濟體就在邊界線外。隨著通貨膨脹產出波動超出各自的可行點,業績點向曲線外的右上方移動,如 P 點;點 P 移向邊界線,表示政策的改進。

2. 結論

中央銀行 4 項指數與經濟業績的單變量分析顯示,在 1995—1999 年期間,這些國家的平均通貨膨脹率與中央銀行的每項指數負相關。這說明,中央銀行越獨立、負責、透明、可信,平均通貨膨脹水平就傾向於下降,但是僅僅對透明度和可信性指數而言,這種關係才具有統計顯著性,因此,獨立性與責任對通貨膨脹影響甚微。

經濟業績、政策有效性與獨立性、責任、透明度、可信性指數的截面數據多變量迴歸分析結果,在數量關係上類似於簡單的單變量分析所得出的結論。具體來講,經濟業績、政策有效性與可信性指數之間呈現強的負相關,而且無論迴歸方程中包含可信性指數與否,其他計量值在常規的顯著性水平上,都不具有統計顯著性。可以認為,「中央銀行可信性——用過去的通貨膨脹業績衡量——是當代宏觀經濟業績和政策有效性的主要決定因素」,「橫向比較中,各國宏觀經濟結果出現差異的首要原因是可信性,其次是透明度」。正因為如此,具有高通貨膨脹歷史的國家的宏觀經濟業績和政策業績才相對要差一些。

Cecchetti,Krause 還對可信性與獨立性、責任和透明度之間的相關性進行了分析。可信性與透明度的相關係數為 0.31,與其他兩個幾乎不相關。所以說,中央銀行越可信,在某種程度上也可以說是越透明,宏觀經濟業績就越好,貨幣政策也越有效。

3. 局限性

「宏觀經濟業績」,表示通貨膨脹方差與產出方差的偏加權平均數(preference-weighted average)是增還是減,實際上,也就是 Taylor 曲線是遠離還是移向原點;「貨幣政策有效性」,表示經濟

業績的提高在多大程度上可以歸因於政策抵消了需求衝擊,而不是因供給衝擊的波動減輕。一些國家在20世紀80年代就累積了貨幣控製經驗,對它們來說,若供給、需求衝擊力度相似,使用更優的貨幣政策解釋所觀測到的經濟業績改善可能極不合理,原因更可能是,大多數總供需衝擊是內生性的,受政策制度左右,而全世界尤其是主要國家的貨幣政策可信性增加,顯著減少了貨幣當局必須採取措施對付的供需衝擊,即「Greenspan效應」。在美國,即使經濟活動水平高,通貨膨脹也依然被控製住,因為經濟主體相信FOMC尤其是Greenspan主席能控製住一切。當然,公眾的這種信念不僅建立在特定政策的直接效應上,還在於信念或預言的自我應驗機制,如果有足夠的人相信聯儲會成功地穩定產出通貨膨脹,不論它實際做什麼,經濟都會自發產生滿意的結果。

宏觀經濟業績改善還可能是由國家間政策的「溢出效應」引起的。一國成功的穩定化政策會讓鄰國的政策實施起來更容易一些,這雖不減少所取得的業績,但卻影響該誰享有可信性。Cecchetti, Krause分析中的貨幣政策最有效的6個國家,有5個是實行相互釘住匯率制度,特別是法國、荷蘭和比利時,它們的匯率被釘在一個窄幅振蕩帶中,因此國內貨幣政策極少有相機決策的余地。既然不擁有調整貨幣政策抵消需求衝擊的自由,也就不能斷定業績提高是由國內政策利率的最優操作使然,這些國家的政策利率操作,重心是穩定匯率目標,而不是對付國內總需求衝擊或通貨膨脹。釘住匯率制在減少衝擊方面可能起了若干作用,例如,對歐盟成員來說,由於德國貨幣政策在20世紀八九十年代取得了進步,因此,它們因實行釘住德國馬克的匯率制度而受惠,輸入德國這種政策上的好處而提高了其貨幣政策有效性。

在可信性的度量上,也存在問題。要用先前的制度結果判斷新制度的可信性,經濟主體就需預期制度變革。以20世紀80年代末期的低通貨膨脹計量的「可信性」,與90年代末期的通貨膨脹相關,這可能僅僅說明通貨膨脹是自相關的,自然而然,80年代的高通貨膨脹國家在90年代的通貨膨脹水平相對就要高一些。

因此,運用過去的通貨膨脹結果「不能識別可信性、政策、衝擊與歷史這些因素各自的影響」,測量可信性更好的方法是調查通貨膨脹預期,或者以指數化與非指數化債券收益率差為基礎(Chrystal,2002)。

小結

從 Sargent,Wallace 創立政策無效性假說以來,宏觀經濟學又走過了一大段歷史。由於種種原因,如交易成本、價格剛性、「非理性」預期等,預期到的貨幣政策對實際變量依然會產生實實在在的作用,而且這些作用可以持續。透明度不會威脅中央銀行控製短期利率,進而實現穩定化目標的能力。在透明度下,貨幣政策影響市場預期的機會增加,因而會更有效。

在經濟的動態調整中,信息不完全、相異會導致名義調整不完全。在信息的社會最優化利用中,均衡價格的調整,過分依賴私人信息而引致的無效性是一種信息外在性,對資源配置來說,它完全是價格差異產生的社會成本,廠商不會將其內在化。因此,改善公共信息,即增加透明度,會增加社會福利;而私人信息質量的提高,會增加價格差異,從而造成福利損失。

公共信息具有雙重社會價值:一是傳遞基本信息;一是充當信念聚點。貨幣政策透明度理論,一般是在委託—代理框架內,強調由於時間不一致性,或缺乏政策承諾而需要透明度達到監督目的。本章主要說明貨幣政策透明度可以影響市場信息結構,從而協調市場的調價、投資決策。現實世界為極微小的私人部門充斥,貨幣政策透明度協調機制,可以抑制貨幣政策均衡的隨意性,使之向社會合意均衡靠近。這種政策干預有兩條渠道:①貨幣當局佔有經濟基本狀態的私人信息,將這種信息傳達給市場,可以減小市場信念差異,從而影響調節動態、價格差異;②即使沒有私人信息,由於在信息加工中存在預測外在性,貨幣當局也可以進

行積極干預,即利用透明度,對信息利用中公共信息與私人信息間的替代施加影響力。

　　透明度是穩定化政策的無形利器。在長期,貨幣政策只能控製名義變量如通貨膨脹,不能提高實際變量如GDP、就業等的平均水平或增長率,至多可以在某種程度上減輕它們的波動;在中短期,貨幣政策對名義、實際變量都會產生作用。而貨幣政策可以使平均通貨膨脹等於預定的目標,也只是通過調和通貨膨脹產出波動來做到。貨幣政策透明度,有利於最有效地實現長期通貨膨脹目標和短期穩定目標。它可以增強政策可信性,解除私人部門的通貨膨脹預期衝擊,加之它的政策交流效應,會使通貨膨脹預期良性地發展,進而改善通貨膨脹產出間的交替關係。

參考文獻

[1] [美]本杰明·M. 弗里德曼,[英]弗蘭克·H. 哈恩. 貨幣經濟學手冊[M]. 北京:經濟科學出版社,2002.

[2] [美]彼得紐曼,默里米爾蓋特,[英]約翰伊特韋爾. 新帕爾格雷夫貨幣金融大辭典[M]. 北京:經濟科學出版社,2000.

[3] [美]卡爾·E. 瓦什. 貨幣理論與政策[M]. 北京:中國人民大學出版社,2001.

[4] [美]米什金. 貨幣金融學[M]. 北京:中國人民大學出版社,2001.

[5] [美]斯蒂格利茨. 經濟學[M]. 北京:中國人民大學出版社,1998.

[6] 謝平,羅雄. 泰勒規則及其在中國貨幣政策中的檢驗[J]. 經濟研究,2002(3).

[7] 謝平. 關於當前貨幣政策的五個觀點[R]. 2002年6月24日朱镕基總理召開的經濟形勢座談會發言稿.

[8] 謝平. 貨幣政策理論和中國的貨幣政策[R]. 2001.

[9] 謝平. 新世紀中國貨幣政策的挑戰[J]. 金融研究,2000(1).

[10] 張維迎. 博弈論與信息經濟學[M]. 上海:上海人民出版社,2002.

[11] 中國人民銀行國際司. 關於透明度問題的背景材料[R]. 1999(11).

[12] 中國人民銀行國際司. 國際金融界重要觀點——美聯

储副主席谈中央银行的透明度[J].《國際金融調研》副刊,2001(19).

[13] Adam S. Posen. Commentary「Georgios Chortareas, David Stasavage, Gabriel Sterne: Does It Pay Be Transparent? Inernational Evidence from Central Bank Forecasts」[M]. Federal Reserve Bank of ST. Louis, Review, 2002(4).

[14] Alan Greenspan. Transparency in Monetary Policy [M]. Federal Reserve Bank of ST. Louis, Review, 2002(4).

[15] Alex Cukierman. Are Contemporary Central Banks Transparency About Economic Models and Objectives and What Difference Does It Make? [M]. Federal Reserve Bank of ST. Louis, Review, 2002(4).

[16] Alex Cukierman. Accountability, credibility, transparency and stabilization policy in the eurosystem, in: C. Wypiosz(ed). ,The impact of EMU on Europe and the developing countries[M]. Oxford University Press, 2001.

[17] Amato, J. D. and S. Gerlach. Inflation targeting in emerging market and transition economics: lessons after a decade[J]. European Economic Review, 2002, 46(4/5): 781-790.

[18] Ammer, John and Freeman, Richard T. . Inflation targeting in the 1990s: the experiences of New Zealand, Canada and the United Kingdom[J]. Journal of Economics and Business, 1995, 47(2).

[19] Andrew Hughes Hallet, Diana N. Weymark. Independence Before Conservatism: Transparency, Politics, and Central Bank Design[OL]. http://www.cepr.org.

[20] Athey, S. Atkeson, A. and Kehoe, P. J. . On the optimality of transparent monetary policy[R]. Federal Reserve Bank of Minneapolis Working Paper 613, 2001.

[21] Atkeson, A. and Kehoe, P. . The advantage of transparent instruments of monetary policy [R]. NBER Working Paper

8681,2001.

[22] Backus, D. and Driffill, J.. Inflation and reputation [J]. American Economic Review,1985,75(3).

[23] Bade, R. and M. Parkin. Central bank laws and monetary policy[R]. Department of Economics, University of Western Ontario, 1984.

[24] Bank of Japan. The self-assessment report on transparency practices for monetary policy[R]. 2002.

[25] Barro, R. J.. Reputation in a model of monetary policy with incomplete information [J]. Journal of Monetary Economics, 1986,17(1):3-20.

[26] Barro, R. J. and Gordon, D. B. Rules. Discretion and reputation in a model of monetary policy[J]. Journal of Monetary Economics,1983,12(1):101-121.

[27] Bennett T. McCallum. Recent Developments in the Analysis of Monetary Policy Rules[R]. Homer Jones Memorial Lecture, 1999-03-11.

[28] Bernanke, B. S., Laubach, T., Mishkin, F. S. and Posen, A. S.. Inflation targeting: lessons from the international experience[M]. Princeton University Press, Princeton, New Jersey,1999.

[29] Bernhard Winkler. Which kind of transparency? On the need for clarity in monetary policy-making[R]. European Central Bank Working Paper 26,2000.

[30] Bini-Smaghi, Gros. Is the ECB sufficiently accountable and transparent? [R]. Working paper NO. 7. European Network of Economic Policy Research Institutes,2001.

[31] Blinder, A. S.. Central bank credibility: why do we care? How do we build it? [C]. Presented at the ASSA meetings, New York, 1999.

[32] Blinder, A. S.. Central Banking in theory and practice

[M]. Cambridge, MA:MIT Press,1998.

[33] Blinder, Goodhart, Hildebrand, et al. How Do Central Banks Talk? [R]. Geneva Reports on the World Economy,2001.

[34] BriaultC. ,Haldane, A. and King, M. . Independence and accountability in I. Kuroda, ed. Towards More Effective Monetary Policy[R]. MacMillan,1997:299 – 326.

[35] Buiter,W. H. . Alice in Euroland[J]. Journal of Common Market Studies,1999,37(2):181 – 209.

[36] Campbell, John Y. , and Robert J. Shiller. Yield spread and interest rate movements: a bird's eye view[J]. Review of Economic Studies,1991,58(3).

[37] Canzoneri,M. B. . Monetary policy games and the role of private information[J]. American Economic Review 1985,75(5):1056 – 1070.

[38] Capie F. ,Goodhart C. ,Schnadt N. . The development of central banking[M]. Cambridge University Press, 1994

[39] Carl E. Walsh. Commentary [Alex Cukierman: Are Contemporary Central Banks Transparency About Economic Models and Objectives and What Difference Does It Make?] [J]. Federal Reserve Bank of ST. Louis,Review,2002(4).

[40] Carl E. Walsh. Economic structure and monetary policy design[R]. paper for the July 2002 East West Center – Korean Development Institute Conference,2002.

[41] Carl E. Walsh. Optimal contracts for independent central bankers[J]. American Economic Review,1995,85.

[42] Carl E. Walsh. Transparency in Monetary Policy[R]. Economic Letter 2001 – 26.

[43] Carl E. Walsh. Economic structure and monetary policy design[R]. 2002.

[44] Chadha,J. S. and Nolan,C. . Inflation targeting, transpar-

ency and interest rate volatility: Ditching 'monetary mystique' in the U. K. [J]. Journal of Macroeconomics, 2001,23(3):349-366.

[45] Chari V. V., Lawrence J. Christiano, Martin Eichenbaum. Expectation traps and discretion. Journal of Economic Theory, 1998,81(2).

[46] Charles Freedman. The Value of Transparency in Conducting Monetary Policy[J]. Federal Reserve Bank of ST. Louis, Review, 2002(4).

[47] Charles Nolan. Inflation Targeting, Transparency and Interest Rate Volatility: Ditching 'Monetary Mystique' in the UK [J]. Journal of Macroeconomics, 2001, 23(3) Summer. with Jagjit Chadha (University of Cambridge).

[48] Christian Hellwig. The social cost of heterogeneous information[OL]. [2004-02-24]. http://www.econ.yale.edu/seminars/macro/mac04/hellwig-040330.

[49] Clare, A. and Courtenay, R.. What can we learn about monetary policy transparency from financial market data? [C]. Bundesbank Discussion Paper, 2001(6).

[50] Clarida Richard, Jordi Gali, Mark Gertler. The science of monetary policy: a new Keynesian perspective[J]. Journal of Economic Literature1999,37.

[51] Corbo, V., Landerretche, O. and Schmidt-Hebbel, K.. Does inflation targeting make a difference? [R]. Central Bank of Chile Working Paper 106,2001.

[52] Crawford, V. and Sobel, J.. Strategic information transmission[J]. Econometrica,1982,50.

[53] Cukierman, A.. Central bank strategies, credibility and independence[M]. MIT Press,1992.

[54] Cukierman, A. and Liviatan, N.. Optimal accommodation by strong policymakers under incomplete information[J]. Journal of

Monetary Economics,1991,27.

[55] Cukierman,A. and Meltzer,A. H.. A theory of ambiguity, credibility, and inflation under discretion and asymmetric information [J]. Econometrica 1986,54(5):1099 – 1128.

[56] Cukierman, A. and Muscatelli, V. A.. Asymmetric responses in monetary policy: evidence and consequences for the inflation bias[OL]. 2002. http://www. tau. ac. il/ ~ alexcuk/pdf/cukierman – muscatelli1. pdf.

[57] Daniel L. Thornton. Monetary policy transparency: transparent about what? [R]. The Federal Reserve Bank of ST. Louis working paper 2002 – 028b.

[58] David Stasavage. Communication, coordination and common knowledge in monetary policy: implications for the Euro zone [OL]. 2002. http://www. lse – students. ac. uk/stasavag/common-knowledge3 – fnotes.

[59] David Stasavage. Transparency, democratic accountability and the economic consequences of monetary institutions [OL]. 2003. http://www. lse – students. ac. uk/stasavag/AJPSfinal.

[60] De Haan, J. , Amtenbrink, F. and Eijffinger, S. C.. Accountability of central banks: Aspects and quantification [J]. Banca Nazionale del Lavoro Quarterly Review,1999,(209).

[61] Dolado, Juan J. , Maria – Dolores, Ramon and Naveira, M.. Asymmetries in monetary policy : evidence for four central banks [C]. discussion paper, Centre for Economic Policy Research,2000 (2441).

[62]Donald L. Kohn,Brian P. Sack. Central bank talk: does it matter and why? [OL]. http://www. federalreserve. gov,2003 – 05 – 23.

[63] Dotsey, M.. Monetary policy, secrecy, and federal funds rate behavior[J]. Journal of Monetary Economics ,1987,20(3): 463 – 474.

[64] Dotsey, M.. The Importance of Systematic Monetary Policy for Economic Activity[J]. Federal Reserve Bank of Richmond Economic Quarterly 85/3, 1999.

[65] Eijffinger, S. C. and Geraats, P. M.. How transparent are central banks? [R]. CEPR Discussion Paper 3188, 2002.

[66] Eijffinger, S. C. and Hoeberichts, M. M.. Central bank accountability and transparency: Theory and some evidence [C]. Bundesbank Discussion Paper, 2000 – 06.

[67] Eijffinger, S. C. W., Hoeberichts, M. and Schaling, E.. A Theory of central bank accountability[C]. CEPR Discussion Paper 2354, 2000b

[68] Faust, J. and Svensson, L. E.. Transparency and credibility: monetary policy with unobservable goals[J]. International Economic Review, 2001, 42(2).

[69] Fearon, James D.. Domestic political audiences and the escalation of international disputes[J]. American Political Science Review, 1994, 88(3).

[70] Francesca Castellani. A model of central bank's accountability[R]. HEL working paper 2002 – 04.

[71] Frederic S. Mishkin. Commentary「Manfred J. M. Neumann, Jurgen von Hagen: Does Inflation Targeting Matter?」[J]. Federal Reserve Bank of ST. Louis, Review, 2002(4).

[72] Freeman, Richard T. and Willis, Jonathan L.. Targeting inflation in the 1990s: Recent challenges[C]. international finance discussion paper, Board of Governors of the Federal Reserve System, 1995.

[73] Friedman, Benjamin M.. The use and meaning of words in central banking: inflation targeting, credibility, and transparency in central banking, monetary theory and practice [M]. essays in honor of Charles Goodhart, volume1, Paul Mizen, ed. Edward Elgar, Lon-

don, 2002.

［74］Fry, M., Julius, D., Mahadeva, L., Roger, S. and Sterne, G.. Key issues in the choice of monetary policy framework, in L. Mahadeva, and G. Sterne, eds,´Monetary policy framework in a global context´[C]. Routledge, London, 2000:1-216.

［75］G.-M. Angeletos, A. Pavan. Transparency of information and coordination in economies with investment complementarities [J]. American Economic Review, papers and proceedings, forthcoming, 2004

［76］Garfinkel, M. R. and Oh, S.. Strategic discipline in monetary policy with private information[J]. Journal of Monetary Economics, 1993, 35.

［77］Geoffrey Shuetrim, Christopher Thompson. The Implications of Uncertainty for Monetary Policy[C]. Reserve Bank of Australia, Research Discussion Paper, 1999(10).

［78］Georgios Chortareas, David Stasavage, Gabriel Sterne. Does It Pay Be Transparent? [J]. Inernational Evidence from Central Bank Forecasts, Federal Reserve Bank of ST. Louis, Review, 2002(4).

［79］Gerlach Stefan. Asymmetric policy reactions and inflation [R]. Bank for International Settlements, 2000.

［80］Gerlach-Kristen, P.. Dissenting interests in central bank councils and voting transparency[R]. Bundesbank working paper.

［81］Gersbach, H. and Hahn, V.. Should individual voting records of central bankers be published? [C]. Bundesbank Discussion Paper 2001a, 02/01.

［82］Gersbach, H. and Hahn, V.. Voting transparency and conflicting interests in central bank councils[C]. Bundesbank Discussion Paper 2001b, 03/01.

［83］Gersbach, H.. On the negative social value of central banks´transparency[R]. mimeo, University of Heidelberg, 1998.

[84] Ghosh, A. R.. Central bank secrecy in the foreign exchange market. European Economic Review,2002,46(2).

[85] Goodfriend, M.. Monetary mystique: Secrecy and central banking[J]. Journal of Monetary Economics,1986, 17:63 – 92.

[86] Goodfriend, Marvin. Interest rate policy and the inflation scare problem:1979 – 92[R]. Federal Reserve Bank of Richmond Economic Quarterly,1993,(79).

[87] Greenspan, A.. Statement by Chairman, Board of Governors of the Federal Reserve System before the Committee on Banking [M]. Finance and Urban Affairs, U. S. House of Representatives, 1,24,1989, Federal Reserve Bulletin,1989(3).

[88] Gruner, H. P.. How much should central banks talk? A new argument[C]. CEPR Discussion Paper 3194, 2002.

[89] Guglielmo Maria Caporale,Andrea Cipollini. The Euro and Monetary Policy Transparency[OL]. 2001. http://www. sbu. ac. uk/cemfe/papers/.

[90] Guy Debelle. Inflation targeting and output stabilization [C]. Research Discussion Paper, Reserve Bank of Australia,1999 (8).

[91] Hagen. The ECB: Transparency and Accountability [OL]. 1998. http://www. zei. de/download/zei_emu/emu_2_vonhagen.

[92] Haldane, A. G. and Read, V.. Monetary policy surprises and the yield curve [R]. Bank of England Working Paper 106,2000.

[93] Hans Dillén,Jonny Nilsson. Transparency ,uncertainty and monetary policy,RBNZ[R]. Monetary Policy under uncertainty workshop,1998.

[94] Henrik Jensen. Optimal Degree of Transparency in Monetary Policymaking:The Case of imperfect information about the cost – push

shock[J]. University of Copenhagen, CEPR and EPRU, 2000(11).

[95] Henrik Jensen. Optimal Degrees of Transparency in Monetary Policymaking [J]. Scand. J. of Economics, 2002, 104 (3): 399 – 422.

[96] Hermann Remsperger, Andreas Worms. Transparency in Monetary Policy[R]. CFS Working Paper, 1999(16).

[97] Herrendorf, B.. Transparency, reputation, and credibility under floating and pegged exchange rates[J]. Journal of International Economics, 1999, 49(1):31 – 50.

[98] Hughes Hallett, A. J. and Viegi, N.. Credibility, transparency and asymmetric information in monetary policy[C]. CEPR Discussion Paper 2671, 2001.

[99] IMF: Transparency in Monetary and Financial Policies [OL]. 2001. http://www.imf.org.

[100] International Monetary Fund. Code of good practices on transparency in monetary and financial policies [OL]. 1999. http://www.imf.org.

[101] Isabella Imperato. A case for transparency in monetary policy. 2002. http://www.dt.tesoro.it/Aree – Docum/Relazioni – /Unione – Eur/Documenti – /Working – P a/ – A – ca.

[102] Issing, O.. The eurosystem: Transparent and accountable, or「Willem in Euroland」[J]. Journal of Common Market Studies, 1999, 37(3).

[103] J. Alfred Broaddus Jr.. Transparency in the Practice of Monetary Policy[J]. Federal Reserve Bank of ST. Louis, Review, 2002 (4).

[104] J. Lawrence Broz. Political system transparency and monetary commitment regimes[R]. 2000.

[105] Jagjit Chadha, Charles Nolan. Inflation Targeting, Transparency and Interest Rate Volatility: Ditching Monetary Mystique in the

UK[OL]. 1999 – 11. netec. mcc. ac. uk/WoPEc/data/Papers/cam-camdae9921. html.

[106] Jakob de Haan and Fabian Amtenbrink. A non – transparent European Central Bank? Who is to blame? 2001.

[107] James B. Bullard, Kaushik Mitra. Learning about Monetary Policy Rules[R]. 2002 – 01. Federal Reserve Bank of ST. Louis, Working Pape.

[108] James Tobin. Monetary Policy: Recent Theory and Practice[OL]. cowles. econ. yale. edu/P/cd/d11b/d1187.

[109] Jon Faust, Lars E. O. Svensson. The Equilibrium Degree of Transparency and Control in Monetary Policy[R]. Working Paper 7152, 2000.

[110] Jon Faust, Lars E. O. Svensson. Transparency and Credibility: Monetary Policy with Unobservable Goals[R]. NBER Working Paper, National Bureau of Economic Research, 2000.

[111] Jonathan Coppel, Ellis Connolly. What Do Financial Market Data Tell Us about Monetary Policy Transparency? [C]. 2003 – 05. http://www. Reserve Bank of Australia, Research Discussion Paper.

[112] Joseph Stiglitz.「Transparency in Government」, The Right to Tell[J]. World Bank, Washington DC, 2002.

[113] Jürgen von Hagen. The ECB: transparency and accountability[OL]. 1998. http://www. zei. de/download/zei_emu/emu_2_vonhagen.

[114] K. Alec Chrysta. Commentary「Stephen G. Cecchetti, Stefan Krause: Central Bank Structure, Policy Efficiency, and Macroeconomic Performance: Exploring Empirical Relationships」[J]. Federal Reserve Bank of ST. Louis, Review, 2002(4).

[115] Kenneth Rogoff. Deflation: Determinants, Risks, and Policy Options – Findings of an Interdepartmental Task Force[R]. IMF,

2003 – 04 – 30.

[116] Kerr William, Robert G. King. Limits on interest rates in the IS model[R]. Federal Reserve Bank of Richmond Economic Quarterly, Spring 1996.

[117] Keynes, John Maynard. The General theory of employment, interest and money[R]. MacMillan, London, 1936

[118] Kimball, Miles S.. Precautionary saving in the small and in the large[J]. Econometrica 1990, 58.

[119] Kristoffer P Nimark. Indicator accuracy, transparency and monetary policy[OL]. 2003. http://www.iue.it/Personal/Researchers/nimark/WP_157.pdf.

[120] Krugman, Paul. It's Baaack! Japan's Slump and the return of the liquidity trap[J]. Brookings Papers on Economic Activity, 1998, 2.

[121] Kuttner, K. N. and Posen, A. S.. Inflation, monetary transparency, and G3 exchange rate volatility[R]. Institute for International Economics, Washington DC. IIE Working Paper, 2000 – 06.

[122] Kuttner, K. N. and Posen, A. S.. Does talk matter after all? Inflation targeting and central bank behavior[R]. Institute for International Economics, working paper 1999 – 10.

[123] Kydland, F. E. and Prescott, E. C.. Rules rather than discretion: The inconsistency of optimal plans[J]. Journal of Political Economy 1977, 85(3):473 – 491.

[124] Lars E. O. Svensson. Comments on Nancy Stokey 'Rules versus discretion' after twenty – five years[R]. NBER Macroecononics Annual, 2002, Cambridge, MA.

[125] Lars E. O. Svensson. How Should Monetary Policy Be Conducted in an Era of Price Stability?[J]. Federal Reserve Bank of Kansas City, 1999.

[126] Lars E. O. Svensson. Monetary policy and real stabiliza-

tion[R]. Princeton University, CEPR and NBER,2002.

[127] LeRoy, S. F. and Porter, R. D.. The present-value relation: tests based on implied variance bounds [J]. Econometrica, 1981,49(3).

[128] Lohmann, S.. Optimal commitment in monetary policy: credibility versus flexibility. American Economic Review,1992,82(1).

[129] Lorenzo Bini-Smaghi and Daniel Gros. Is the ECB sufficiently accountable and transparent? [R]. ENEPRI Working Paper 7,2001.

[130] M. Woodford. Imperfect common knowledge and the effects of monetary policy, in P. Aghion, R. Frydman, J. Stiglitz and M. Woodford,eds. Knowledge, information and expectations in modern macroeconomics[M]. Princeton University Press,2002.

[131] Mahadeva, L. and Sterne, G.. Inflation targets as a stabilisation device, mimeo, Bank of England. 2001.

[132] Manfred J. M. Neumann, Jurgen von Hagen. Does Inflation Targeting Matter? [J]. Federal Reserve Bank of ST. Louis, Review, 2002(4).

[133] Maria Demertzis, Andrew Hughes Hallett. Central bank transparency in theory and practice [OL]. 2003. http://www.ecomod.net/conferences/ecomod2003/ecomod2003_papers/Demertzis.pdf.

[134] Mark W. Watson. Commentary「Willianm Poole, Robert H. Rasche, Daniel L. Thornton: Market Anticipations of Monetary Policy Actions」[J]. Federal Reserve Bank of ST. Louis, Review, 2002(4).

[135] Matthew Rafferty, Marc Tomljanovich. Central Bank Transparency and Market Efficiency: An Econometric Analysis [R]. research. stlouisfed. org conferences moconf papers.

[136] McCallum Bennett T., Edward Nelson. Performance of

operational policy rules in an estimated Semi – Classical structural model, in John B. Taylor. ,ed. , monetary policy rules[M]. Chicago University Press,1999.

[137] McCallum,B. T. . Two fallacies concerning central – bank independence[J]. American Economic Review,1995,85(2).

[138] McConnell Margaret M. , Gabriel Perez – Quiros. Output fluctuations in the United States: what has changed since the early 1980s? [J]. American Economic Review,2002,forthcoming.

[139] Meade, E. E. and D. N. Sheets. Regional influences on U. S. monetary policy :some implications for Europe[R]. Center for Economic Performance Working Paper,2002.

[140] Mervyn King. Challenges for Monetary Policy: New and Old [OL] . http://www. kc. frb. org/PUBLICAT/SYMPOS/1999/s99king.

[141] Michael Woodford. Commentary: How Should Monetary Policy Be Conducted in an Era of Price Stability? [J]. Federal Reserve Bank of Kansas City, New Challenges for Monetary Policy,1999.

[142] Michael Woodford. Financial Market Efficiency and the Effectiveness of Monetary Policy, remarks at the symposium on「Financial Innovation and Monetary Transmission,」[J]. Federal Reserve Bank of New York. 2001 – 04 – 05/06. Revised 2002 – 03.

[143] Michael Woodford. Monetary Policy in the Information Economy[C]. The 2001 Jackson Hole Symposium. 2001 – 08 – 30.

[144] Mishkin, F. S. and Schmidt – Hebbel, K. . One decade of inflation targeting in the world: What do we know and what do we need to know? [R]. NBER Working Paper 8397,2001.

[145] Mishkin, Frederic S. . Inflation targeting for emerging – market countries[J]. American Economic Review papers and proceedings,2000,90(2).

[146] Mishkin, Frederic S. and Posen, Adam S. . Inflation targeting: lessons from four countries [J]. Federal Reserve Bank of New York Economic Policy Review, 1997.

[147] Morris, S. and Shin, H. S. . Welfare effects of public information. Bundesbank Discussion Paper 2000 – 07.

[148] Muller, P. and Zelmer, M. . Greater transparency in monetary policy: Impact on financial markets [R]. Bank of Canada Technical Report 86, 1999.

[149] Nicoletta Batini, Edward Nelson. Optimal horizons for inflation targeting [J]. Bank of England, 2000, ISSN 1368 – 5562.

[150] Niklas J. Westelius. Discretionary Monetary Policy and Inflation Persistence [OL]. http://www.jhubc.it/facultypages/nwestelius.

[151] Nolan C. , Schaling E. . Monetary policy uncertainty and central bank accountability [R]. Bank of England working paper, 1996, 54.

[152] Oh, S. and Garfinkel, M. . Strategic considerations in monetary policy with private information: can secrecy be avoided? [J]. Federal Reserve Bank of St. Louis Review , 1990, 72(4).

[153] Paul R. Masson, Miguel A. Savastano, Sunil Sharma. Can Inflation Targeting Be a Framework for Monetary Policy in Developing Countries? [OL] . http://www.worldbank.org/fandd/english/0398/articles/0100398.htm. 1997.

[154] Paul R. Masson, Miguel A. Savastano, Sunil Sharma. The Scope for Inflation Targeting in Developing Countries. IMF, WP/97/130.

[155] Pedro A. B. Sousa. Central Bank Independence and Democratic Accountability. 2002. web.univ – orleans.fr/DEG/GDRecomofi/Activ/doclyon/desousa.

[156] Peek, J. , Rosengren, E. S. and Tootell, G. M. B. . Is bank

supervision central to central banking? [J]. Quarterly Journal of Economics, 1999,114(2):629 -653.

[157] Persson, T. and Tabellini, G.. Designing institutions for monetary stability[C]. Carnegie - Rochester Conference Series on Public Policy 39,1993.

[158] Peter Howells, Iris Biefang - Frisancho Mariscal. Central Bank Transparency: a market indicator[R]. The Annual conference of the European Association of Evolutionary Political Economy, Aix en Provence,2002,11/9.

[159] Peter N. Ireland. Expectations, Credibility , and Time - Consistent Monetary Policy[R]. Boston College and NBER, 1999 (7).

[160] Petra M. Geraats. Central Bank Transparency[R]. University of Cambridge,2002(3).

[161] Petra M. Geraats. Precommitment, Transparency and Monetary Policy[R]. University of Cambridge,2000 -09.

[162] Petra M. Geraats. Transparency of Monetary Policy: Does the Institutional Framework Matter? [R]. University of Cambridge, 2002 -05.

[163] Petra M. Geraats. Why Adopt Transparency? [R]. The Publication of Central Bank Forecasts, Working Paper ,2001(41).

[164] Phelps, Edmund. The trouble with 'rational expectations' and the problem of inflation stabilization, in Roman Frydman and Edmund Phelps(eds.), Individual forecasting and aggregate outcomes [M]. Cambridge University Press,1983.

[165] Poole William. Inflation, recession and FED policy [R]. remarks prepared for the Midwest Economic Education Conference, St. Louis, Missouri,4/11 ,2002.

[166] Posen, Adam S. . Restoring Japan's Economic Growth, Institute for International Economics[R]. Washington,DC. ,1998.

[167] Robert Amano, Don Coletti, Tiff Macklem. Monetary rules when economic behavior changes[R]. FRBSF Economic Letter, 98 – 17, 1998 – 05 – 22.

[168] Robert E. Keleher. Transparency and Federal Reserve Monetary Policy[OL]. http://www.house.gov/jec/fed/fed/transpar.htm, 1997.

[169] Rogoff, K.. The optimal degree of commitment to an intermediate monetary target[J]. Quarterly Journal of Economics, 1985, 100(4):1169 – 1189.

[170] Roman Matoušek. Transparency and Credibility of Monetary Policy in Transition countries: The Case of the Czech Republic [J]. WP, 2001(37).

[171] Romer, C. D. and Romer, D. H.. Federal Reserve information and the behavior of interest rates[J]. American Economic Review, 2000, 90(3):429 – 457.

[172] Roumeen Islam. Do More Transparent Governments Govern Better? [R]. World Bank Policy Research Working Paper 3077, 2003 – 06.

[173] Rudin, J. R.. Central bank secrecy, 'Fed watching', and the predictability of interest rates[J]. Journal of Monetary Economics, 1998, 22(2).

[174] Ruge – Murcia, Francisco J.. The inflation bias when the central bank targets the natural rate of unemployment [OL]. 2001. http://www.crde.umontreal.ca/cahiers/22 – 2001 – cah.

[175] S. Morris, H. S. Shin. Social value of public information [J]. American Economic Review, 2002, 92.

[176] Sargent, N. J., and Wallace, N.. Some unpleasant monetarist arithmetic[J]. Federal Reserve Bank of Minneapolis Quarterly Review, 1981, 5.

[177] Schaling, E. and Nolan, C.. Monetary policy uncertainty

and inflation: The role of central bank accountability[J]. De Economist, 1998,146(4):585-602.

[178] Sibert, A.. Monetary policy committees: individual and collective reputation[R]. CES-ifo working paper,1999,226.

[179] Siklos, P. L.. Monetary policy transparency, public commentary and market perceptions about monetary policy in Canada [C]. Bundesbank Discussion Paper,2000-08.

[180] Siklos,P. L.. Inflation-target design: changing inflation performance and persistence in industrial countries[J]. Federal Reserve Bank of St. Louis Review1999,81(2).

[181] Sims Christopher. Implications of rational inattention [R]. mimeo, Princeton University,2001.

[182] Sirkka Hämäläinen. The ECB's monetary policy-accountability, transparency and communication [OL]. http://www.ecb.int/ ,2001(9).

[183] Stasavage. Transparency, Democratic Accountability, and the Economic Consequences of Monetary Institutions[OL]. http://www.lse-students.ac.uk/stasavag/AJPSfinal,2003.

[184] Stefania Albanesi, V. V. Chari, Lawrence J. Christiano. Expectation traps and monetary policy[R]. 2001.

[185] Stein, J.. Cheap talk and the fed: a theory of imprecise policy announcements[J]. American Economic Review,1989,87(1).

[186] Stéphane Gauthier. Expectations coordination and stabilization of business cycles[OL]. 2000. http://www.crest.fr/pageperso/lma/gauthier/coordination.

[187] Stephen G. Cecchetti,Stefan Krause. Central Bank Structure, Policy Efficiency, and Macroeconomic Performance: Exploring Empirical Relationships[J]. Federal Reserve Bank of ST. Louis, Review,2002(4).

[188] Svensson,Lars E. O. ,and Michael Woodford. Implemen-

ting optimal policy through inflation – forecast targeting[R]. working paper,1999.

[189] Svensson, Lars E. O., and Michael Woodford. Indicator variables for optimal policy[R]. mimeo, Princeton University,2002.

[190] Svensson, Lars E. O.. What is wrong with Taylor rules? Using judgment in monetary policy through targeting rules [R]. working paper, Princeton University,2002.

[191] Sylvester C. W. Eijffinger. How Can the European Central Bank Improve the Transparency of Monetary Policy in Europe? [OL]. http://www.europarl.eu.int/comparl/econ/pdf/emu/speeches/20000912/eijfinger,2000.

[192] T. T. Mboweni. Transparency and the Public Understanding of Monetary Policy[R]. Address at the annual banquet of the Bankers,Johannesburg,2001 – 03 – 06.

[193] Tabellini,G.. Secrecy of monetary policy and the variability of interest rates[J]. Journal of Money, Credit and Banking, 1987,19(4).

[194] Tarkka, J. and Mayes, D.. The value of publishing official central bank forecasts[C]. Bank of Finland Discussion Paper, 1999(22).

[195] Taylor, J. B., ed.. Monetary Policy Rules, National Bureau of Economic Research Conference Report[M]. University of Chicago Press, Chicago,1999.

[196] Taylor, John B.. Estimation and control of a macroeconomic model with rational expectations[J]. Econometrica,,1979,47(5).

[197] The Bank of England. Minutes of Monetary Policy Committee Meeting[OL]. 2003 – 01. http://www.bankofengland.co.uk.

[198] Thornton,Daniel L.. Does the Fed's new policy of immediate disclosure affect the market? [J]. Federal Reserve Bank of

St. Louis Review,1996,78(6).

[199] Tom Bernhardsen, Arne Kloster. Transparency and predictability in monetary policy [J]. Economic Bulletin Q2, 02, Norway,2002.

[200] Václav Klaus. The Value of Transparency in Conducting Monetary Policy: The Czech Experience. Federal Reserve Bank of ST. Louis, Review,2002(4).

[201] Volker Hahn. Transparency in Monetary Policy: A Survey, ifo Studien Jg. 48, Nr. 3,2002,S:429 −455.

[202] Wagner. Central Bank Independence and the Lessons for Transition Economics from Developed and Developing Countries [J]. Comparative Economic Studies, XLI, 1999(4).

[203] William Poole. Central Bank Transparency: Why and How? [OL]. stlouisfed. org/news/speeches/2001/11_30_01. html.

[204] Willianm Poole, Robert H. Rasche, Daniel L. Thornton. Market Anticipations of Monetary Policy Actions. Federal Reserve Bank of ST. Louis, Review,2002(4).

[205] Woodford, Michael. Optimal monetary policy inertia [R]. working paper,1999

國家圖書館出版品預行編目(CIP)資料

貨幣政策透明度理論研究 / 程均麗 著. -- 第二版.
-- 臺北市：崧博出版：財經錢線文化發行, 2018.10
　面 ；　公分
ISBN 978-957-735-584-3(平裝)
1.貨幣政策 2.中國
561.18　　　　107017185

書　　名：貨幣政策透明度理論研究
作　　者：程均麗 著
發行人：黃振庭
出版者：崧博出版事業有限公司
發行者：財經錢線文化事業有限公司
E-mail：sonbookservice@gmail.com
粉絲頁　　　　　　網　　址：
地　　址：台北市中正區延平南路六十一號五樓一室
8F.-815, No.61, Sec. 1, Chongqing S. Rd., Zhongzheng Dist., Taipei City 100, Taiwan (R.O.C.)
電　　話：(02)2370-3310　傳　真：(02) 2370-3210
總經銷：紅螞蟻圖書有限公司
地　　址：台北市內湖區舊宗路二段121巷19號
電　　話：02-2795-3656　傳真：02-2795-4100　網址：
印　　刷：京峯彩色印刷有限公司（京峰數位）

　　　本書版權為西南財經大學出版社所有授權崧博出版事業有限公司獨家發行電子書及繁體書繁體版。若有其他相關權利及授權需求請與本公司聯繫。
定價：400元
發行日期：2018年10月第二版
◎ 本書以POD印製發行